最近の金融商品取引法の改正

（平成 29 年 12 月 26 日開催）

報告者　小　森　卓　郎
（金融庁総務企画局市場課長）

目　　次

金融商品取引法研究会出席者(平成29年12月26日)

報告者	小森卓郎	金融庁総務企画局市場課長
会長	神作裕之	東京大学大学院法学政治学研究科教授
会長代理	弥永真生	筑波大学ビジネスサイエンス系ビジネス科学研究科教授
委員	飯田秀総	東京大学大学院法学政治学研究科准教授
〃	大崎貞和	野村総合研究所未来創発センター主席研究員
〃	尾崎悠一	首都大学東京大学院社会科学研究科法学政治学専攻准教授
〃	加藤貴仁	東京大学大学院法学政治学研究科准教授
〃	河村賢治	立教大学大学院法務研究科教授
〃	小出　篤	学習院大学法学部教授
〃	武井一浩	西村あさひ法律事務所パートナー弁護士
〃	中東正文	名古屋大学大学院法学研究科教授
〃	松尾健一	大阪大学大学院高等司法研究科准教授
〃	松尾直彦	東京大学大学院法学政治学研究科客員教授・弁護士
〃	宮下　央	ＴＭＩ総合法律事務所弁護士
オブザーバー	岸田吉史	野村ホールディングスグループ法務部長
〃	森　忠之	大和証券グループ本社経営企画部担当部長兼法務課長
〃	鎌塚正人	ＳＭＢＣ日興証券法務部長
〃	陶山健二	みずほ証券法務部長
〃	本井孝洋	三菱ＵＦＪモルガン・スタンレー証券法務部長
〃	山内公明	日本証券業協会常務執行役自主規制本部長
〃	石黒淳史	日本証券業協会政策本部共同本部長
〃	塚﨑由寛	日本取引所グループ総務部法務グループ課長
研究所	増井喜一郎	日本証券経済研究所理事長
〃	大前　忠	日本証券経済研究所常務理事

(敬称略)

最近の金融商品取引法の改正について

大前常務理事　皆様、お忙しい中、お集まりいただきましてありがとうございました。あとお３方ほどおくれていらっしゃる方がおられますけれども、時間が参りましたので、このあたりで始めさせていただきたいと思います。

私は、日本証券経済研究所常務理事の大前でございます。どうぞよろしくお願いいたします。

今日は、金融商品取引法研究会の新しいセッションの第１回目の会合でございますので、まずは私のほうからご出席の皆様をご紹介申し上げたいと存じます。

まず最初に、委員の皆様をご紹介申し上げます。私に近いほうから、お席の順に紹介させていただきます。

飯田秀総様でございます。

松井智予様でございます。今日は少しおくれておられます。

中東正文様でございます。

会長代理をお願いしております弥永真生様でございます。

会長をお願いしております神作裕之様でございます。

大崎貞和様でございます。

河村賢治様でございます。

加藤貴仁様でございます。

次に、テーブルの反対側にお座りいただいておりますが、宮下央様でございます。

小出篤様でございます。

松尾直彦様でございます。

お１人を置きまして、武井一浩様でございます。

松尾健一様でございます。

尾崎悠一様でございます。

続きまして、オブザーバーの皆様を、私に近いほうからお席の順に紹介させていただきます。

森忠之様でございます。

岸田吉史様でございます。

山内公明様でございます。

テーブルの反対側に回りまして、山本悟様でございます。今日はおくれておいでになります。

石黒淳史様でございます。

陶山健二様でございます。

今日のご報告をお願いしております小森卓郎様でございます。

鎌塚正人様でございます。

本井孝洋様でございます。

塚崎由寛様でございます。

当研究所からは、理事長の増井喜一郎が出席させていただいております。

なお、今日は、委員の後藤元様、藤田友敬様、松井秀征様はご都合によりご欠席でございます。

お手元に、今日のご報告者の小森様のご説明資料のほか、議事次第、名簿、そして設置要綱を配付させていただいております。これらのうち、研究会の設置要綱は、研究会の運営や研究成果の公表などにつきまして、これまでの例に倣いまして、基本的な考え方を整理させていただいたものでございます。ご理解を賜れば幸いに存じます。

設置要綱でも言及しておりますが、研究成果の公表につきまして、若干敷衍して申し上げます。

研究会におけるご報告及び討論の模様につきましては、毎回、速記録にとらせていただき、ご出席者にご校閲いただいた上、研究会に提出された資料と合わせ、その都度、研究記録として刊行するとともに、研究所ホームページに掲載させていただきたいと考えております。また、研究会での委員の皆様からのご報告に区切りがついたところで、研究会でのご報告及び討論を経て、各報告者のもとで整理された論文を取りまとめ、単行本として刊行するとともに、研究所ホームページに掲載させていただきたいと考えております。いずれも従来と同様に取り扱わせていただこうとするものでございますので、ご理解を賜りますようお願い申し上げます。

この後の進行は、会長をお願いしております神作先生にお願いいたします。どうぞよろしくお願いします。

神作会長　神作でございます。まことに僭越ではございますが、会長を務めさせていただきます。何とぞよろしくお願いいたします。

それでは、早速、金融商品取引法研究会の新しいセッションの第１回会合を始めます。既にご案内しておりますように、本日は、金融庁総務企画局市場課長の小森卓郎様より、「最近の金融商品取引法の改正について」というテーマでご報告いただき、その後、ご報告をめぐって討論を行っていただきたいと考えております。

それでは、小森課長、ご報告、よろしくお願いいたします。

［金融庁総務企画局　小森市場課長の報告］

小森報告者　市場課長をこの夏から拝命いたしております小森でございます。前任、前々任同様、よろしくお願いできればと思います。

本日は、「最近の金融商品取引法の改正について」ということでお題をいただきまして、３年前の法改正から、平成 26 年改正、27 年改正、29 年改正ということで、３回分の法改正について、概略をご説明させていただこうと思っております。

Ⅰ．平成 26 年金融商品取引法改正の概要

早速、平成26年改正から説明をさせていただきます。報告資料１ページに、26 年改正の概要を書いた一枚紙がございます。成長戦略の金融面からの加速・強化ということで、金融資産を成長マネーに振り向けるための施策を中心になされた法改正でございます。後ほど詳しく説明いたしますので、１ペー

ジ目については概観にとどめさせていただきますけれども、市場活性化のための投資型クラウドファンディングの利用促進や、新たな非上場株式の取引制度、株主コミュニティ制度の導入等につきまして改正をしたものでございます。２ページに移らせていただきます。

１．投資型クラウドファンディングの利用促進

まず１つ目、投資型クラウドファンディングの利用促進ということで、少額のクラウドファンディングが利用しやすいようにという改正を行ったものでございます。もともと有価証券の取得勧誘をするためには、金商業者としての登録が必要でありますけれども、それぞれ一種、二種等の違いはあるのですが、最低資本金の要件や、兼業規制がかかっていたりして、小さな規模でのクラウドファンディングには向いていないという部分がございました。あるいは、非上場株式の勧誘につきましては、日証協の自主規制で、もともと原則禁止となっていたところでございます。

これに関しまして、この際の法改正におきまして、少額のクラウドファンディングのみを行う業者ということで、発行総額１億円未満、１人当たりの投資額が50万円以下のものにつきましては、兼業規制等を課さないとするとともに、登録に必要な最低資本金の基準を、例えば一種であれば5,000万円のものを1,000万円にというふうに引き下げたものでございます。また、非上場株式の勧誘につきましては、同じく少額のクラウドファンディングに限って、自主規制において解禁を行っていただいているところでございます。

また、この際、投資者保護のためのルールの整備もあわせて行っております。クラウドファンディング業者に対しまして、ネットを通じた適切な情報提供あるいはベンチャー企業の事業内容のチェック等を義務づけたものでございます。これが26年改正の一番大きな目玉、投資型クラウドファンディングの利用促進に係る改正概要でございます。

２．新たな非上場株式の取引制度

３ページですけれども、新たな非上場株式の取引制度ということで、株主コミュニティ制度を作る法改正でございます。日証協の自主規制に基づきまして、非上場株式の場合は、投資勧誘は原則として禁止をされているところでございます。非上場株式に際しましては、流通性が乏しいことも踏まえまして、インサイダー取引規制や開示義務の適用対象外となっていますけれども、非上場株式の投資勧誘禁止の例外としてグリーンシート銘柄に関しては投資勧誘が可能ということにされておりました。他方で、グリーンシート銘柄につきましては､インサイダー取引規制等の適用対象となっておりまして、これが非上場企業にとって大きな負担となってしまい、グリーンシート銘柄制度の利用が低迷してしまったという状況にございました。

このような状況を受けまして、新たな制度として、株主コミュニティというのをつくったわけでございます。証券会社が投資グループを組成いたしまして、この投資グループのメンバーに限って、投資勧誘が可能だという制度をつくったものでございます。グリーンシートの反省も踏まえまして、インサイダー取引規制については適用の対象外とする、また開示の負担も軽減するということで、非上場企業の負担を大幅に軽減した形で制度をつくったものでございます。制度を導入して以降、北陸地方の証券会社を中心に幾つかの銘柄について利用されているところでございます。当該企業の役員・従業員や、あるいは株主優待制度などの利用を期待した投資家の利用がなされているところでございます。

３．金商業者の事業年度規制の見直し

そのほかの26年改正について、４ページ以降でごく簡単にご紹介をいたしたいと思います。

１つは、金商業者の事業年度規制の見直しということで、第一種金商業者につきましては、それまでは３月期決算、４月から３月までということで事業年度規制がかかっておりましたけれども、この際の改正によりまして、第

二種金商業者等と同様、特別の規制がかからなくしたところでございます。

４．新規上場に伴う負担の軽減

２つ目の５ページ、新規上場に伴う負担の軽減ということで、新規上場後、３年間につきましては、内部統制報告書の監査免除を選択可能という改正をいたしたところでございます。

５．上場企業の資金調達の円滑化等

３つ目の６ページ、大量保有報告制度において、適用の対象から自己株式を除外いたしております。

４つ目の７ページ、虚偽の開示書類を提出した場合の責任といたしまして、もともと無過失責任ということが、発行市場それから流通市場の双方に対して適用されておりましたけれども、このときの改正によりまして、流通市場におきましては無過失責任から過失責任へと改正を行い、ただし、提出会社側に無過失の挙証責任を負わせるという改正を行ったところでございます。もともと発行市場につきましては、提出会社が投資者からの払い込みを受けておりましたので、無過失であっても返還させるのが公平であったということだと思いますが、流通市場の場合は提出会社に利得がなく、返還の原資につきましては、結局、他の株主等が負担してしまうことから、このように無過失責任から過失責任へという改正を行ったものでございます。

６．ファンド販売業者に対する規制の見直し

次に８ページ、ファンド販売会社に対する規制の見直しもこのときに行っております。もともとファンドに関しまして、分別管理が求められておりましたけれども、実際には分別管理をせずに、資金を流用する事案が発生したものでございますので、ファンドの販売業者が、ファンドに出資された金銭が分別管理されずに目的外で利用されていることを知っている場合に、こうした募集の取扱いを行うことを禁じる改正でございます。

また、ファンド販売業者につきまして、それまでの国内拠点ですとか国内における代表者の設置を義務づけておりませんでしたけれども、このときに義務づけを行っております。

また、協会に加入していないファンド販売業者については、協会の自主規制ルールが適用されないという問題もございましたので、自主規制団体の加入を促進するように、協会へ加入していない業者につきましては、協会規則に準じる内容の社内規則の整備等を義務づけて、加入促進を図ったものでございます。

7．金融指標に係る規制の導入

さらに9ページ、金融指標に係る規制の導入をこのときに行っております。LIBORをめぐるスキャンダル、不正事案を受けまして、IOSCOで金融指標に関する原則が定められたところでございます。これに沿った形で、日本の場合、TIBORになりますけれども、金融指標を算出する特定の者を指定し、業務規程の作成・遵守や、検査・監督の枠組みを導入したものでございます。

8．電子化された株券等の没収手続の整備

10ページですが、もともと金商法上、犯人が犯罪行為により得た財産等はもちろん没収の対象であり、有体物につきましては、刑事訴訟法の規定により没収可能でしたけれども、無体財産につきましては手続規定がなく、没収ができないということになっていました。それに加えまして、平成16年の社債、株式等の振替に関する法律により、有体物としてそれまで没収可能であった株券等が電子化されてしまったため、問題が大きくなってしまったということで、電子化された株券等の無体財産の没収についても手続規定を整備したものでございます。

9．その他の改正事項

最後11ページに、「その他の改正事項」と書いてございますけれども、こ

れについては資料をご覧いただければと思います。

以上、リスクマネーの供給を中心といたしまして、平成26年改正の概要について、簡単にご説明を申し上げました。

Ⅱ．平成27年金融商品取引法改正の概要

1．プロ向けファンドに関連する問題

続きまして、２点目、平成27年金商法改正の概要について、ご説明を申し上げますが、このときの改正の内容は、12ページのプロ向けファンドに関する規制の導入でございました。プロ向けファンドに関しましては、後ほども詳しく出てまいりますけれども、他の金商業者と異なりまして行為規制が緩く、また行政処分の取引対象となっていない。また、49名以内であれば投資の素人にも販売が可能だということの結果、2010年以降くらいから投資家に被害を与えるケースが増えていたという背景があり、国民生活センターへの相談件数も増加傾向にあったということでございます。

2．投資運用に係る制度の全体像

これを受けまして、13ページ以降に金商法の一部改正案の概要ということで書いてあります。ポイントだけ申しますと、ファンド運営者の届け出や適格投資家の位置づけを明確にしたり、行為規制を入れたり、あるいは問題のある業者への対応を図ったところでございます。後ろのページに投資運用に係る制度の全体像ということで、顧客から販売、運用、ビークルに関する対応が記載されています。このときの法改正で取り上げましたものが、下から２つ目、適格機関投資家等特例業者が行う私募あるいは投資運用に関してでした。この部分につきましては届け出ということで、ほかのところの登録とは異なった形で制度がつくられているところでございます。

3．金融商品取引法上の業規制・行為規制（運用関係）

19ページから運用と販売の関係について、それぞれご説明をいたします。

まず、運用関係について業者などの制度について、整理している紙でございますけれども、投資運用業は原則として登録を行うことによって可能になるところでございます。プロ向け投資運用業というのが数年前に規制緩和の中でできました。これは出資者を適格投資家に限定することによって、運用財産総額を200億円以下ということで、緩和された形で業務を行うことが可能なのですが、もう1つ右のプロ向けファンド運用につきましては、さらに緩く、1名以上のプロと49名以内の一般投資家で構成される運用につきましては、登録ではなく当局への届出のみで行うことが可能でございます。このプロ向けファンドは、組合契約等に基づいて出資を募った金銭等を主に株式等の有価証券、デリバティブへの投資により運用する業務を行うことができるわけでございますけれども、この表でご覧いただきますように、忠実義務ですとか、あるいは分別管理義務といった行為規制が課せられておりません。また、登録制でないこともございまして、業務改善命令、登録取り消しなど、行政処分の対象ともなっていないといった内容でございます。

4．投資運用に関連する制度改正経緯

20ページに、投資運用に関する制度の沿革が書かれているところをご覧ください。投資一任・投資助言業務の流れと、投資信託委託業の流れ、1950年以降くらいから書いてございますけれども、今回、直接関連するところといたしましては、2007年の金商法施行の際に、今申し上げた適格機関投資家等特例業務を新設し、届出制を導入したところでございます。

その下、2011年のところは、先ほど申し上げたプロ向け投資運用業の規制緩和の部分でございます。

5．金融商品取引法上の業規制・行為規制（販売関係）

また、21ページからは、販売関係について、同じように横並びの整理をしている表と記述がございます。有価証券の売買、取り次ぎ、募集・私募等につきましては、こちらも原則として当局への登録を行うことによって可能

となるわけであります。この表の一番右にある箱ですけれども、プロ向けファンドにつきましては、こちらも当局への届出のみでできる。組合契約等に基づき収益の分配を受ける権利について、アマチュアの方も含めて私募を行うことが可能であります。また、販売に際しての書面交付の義務、説明義務、断定的判断の提供の禁止などの行為規制が課されていない。先ほどの運用と同じですけれども、登録制でないこともあって、行政処分の対象となっていないということでございました。

６．有価証券の販売等に関連する最近の制度改正経緯

22ページには、販売についての制度改正の経緯が書いてございます。右上をご覧いただきますと、2007年の金商法の施行以前につきましては、行政による横断的な監督の枠組みがなく、証券取引法や商品ファンド法等の個別法によって販売業者が監督されていた結果、規制されていない業者も存在したところでございました。このような中で被害事例も発生したということで、2007年に金商法が横断的に整備され、その中で適格機関投資家等特例業務が届出制で新設されたということであります。

７．適格機関投資家等特例業務導入の背景と目的

次の23ページ以降が、それらをまとめたものでございますけれども、適格機関投資家等、１名以上のプロ及び49名以内のアマチュアを対象とするときに限り、届出を行うことにより私募を行うことができる、あるいは集めた財産を投資運用することができるとしていたところでございます。

繰り返しになりますけれども、24ページでプロ向けファンド導入の背景と目的について説明させていただきますと、2007年の金商法施行以前に監督されていないファンドが存在していました。2007年の金商法の施行において、包括的・横断的規制の整備を図ったところでございますけれども、利用者の保護を前提に、活力ある金融市場を構築するとの観点から、プロ投資家を対象とするファンドについては、一般投資家を念頭に置いた規制を相当

程度簡素化し、イノベーションを阻害するような過剰な規制とはしなかったところでございます。

また、一般投資家を対象にファンドの販売・勧誘及び運用を行う業者については登録制でございまして、プロ投資家を対象とする業者について、最低限の実態把握を行う観点から届出制とされるとともに、簡素な行為規制とされたところでございます。

プロが投資するようなファンドであっても、当該プロ投資家と関係の深い一般投資家、ファンド運営会社の役員等も出資する場合もあるということでございまして、アマチュアの方49名以内であれば、プロ向けファンドとしてプロ投資家を対象とするファンドと同じような扱いを受けることができるようになったというのが、プロ向けファンドができたときのお話でございます。

8．プロ向けファンドの適正化のための取組

プロ向けファンドに関連する問題としては、25ページの右下の円グラフにありますように80代や70代の方を中心に詐欺や投資家の被害が続出したということでございます。

法改正に至るまで、幾つか取り組みをしていたわけでございますが、26ページにございますように、適正化のための取り組みとして、平成24年4月に施行された内閣府令の改正による制度改正がございました。適格機関投資家1名以上いないのにやっていたという事案ですとか、実体のない法人等が届け出ていたという事例もございましたので、内閣府令の改正によりまして、届出事項を拡充し、適格機関投資家の名称等を追加して把握が行えるようにしたり、あるいは添付書類の追加ということで、届出書の実体を確認するために届出者の本人確認資料を添付書類に追加するなどの改正を行ったところでございます。

9．プロ向けファンドに関する主な提言

以上のような改正を行ったわけでございますけれども、被害がおさまることにならなかったため、27ページに「プロ向けファンドに関する主な提言」とあるように、平成26年4月に証券取引等監視委員会や消費者委員会から、投資家に係る要件を厳格化する等、制度を見直すべきという建議や提言をいただいたところでございます。証券取引等監視委員会の建議につきましては、出資者に係る要件を厳格化する等、一般投資家の被害の発生等を防止するための適切な措置を講ずる必要があるというものです。消費者委員会の提言では、法人であっても自衛能力や耐性のある投資家と認めるに足りる要件を別途設定する必要があるのではないか。個人については、消費者被害の現状からすれば、少なくとも億単位の余剰資金をもって、投資性の金融取引を年単位で継続的に行っている投資家という要件を満たすべきだという提言をいただいたところでございます。

10．プロ向けファンドに関する規制の見直し

こうした提言等を踏まえまして、28ページで、プロ向けファンドの対象となるアマチュアの部分の人たちにつきまして、販売可能な投資家を制限する政令・府令を改正しようということで、5月から6月にかけてパブリックコメントにかけた案の内容がこちらでございます。上の淡いほうのブルーでございますけれども、適格機関投資家以外の場合ですと、特に属性の制限がなく、一般個人も含めて49名以内ということで制約のない形になっていたものでありますけれども、このときのパブリックコメントにおきましては、一番右でございますが、一般個人はまず不可とした上で、その上でプロでない人としては、上場会社ですとか、あるいは資本金5,000万円超の株式会社、上場会社等の子会社・関連会社、年金基金、富裕層個人投資家、資産管理会社、ファンド運営業者の役職員等ということで、絞り込んだ形で49人を対象とするような案のパブリックコメントを実施したところでございます。

29ページで、このパブリックコメント案に対する意見ということで、大

きく２つ、逆の方向からのコメントをいただいたところでございます。上のほうは日弁連などからいただいたコメントでございますけれども、そもそも個人投資家を対象に含めている点に反対するということで、もっと厳しくしてほしいというコメントでした。

その下の黒丸の独立系ベンチャーキャピタリスト等有志からいただいたものでは、ほかの国とのバランスや、あるいは憲法で保障された経済活動の自由等々を含めて考えたところ、この制限では厳し過ぎる、さらにもっと広い範囲のアマチュアに対して販売を認めてもらう必要があるというコメントが出されたところでございます。

11. 平成27年金商法改正の概要

こうした状況を受けまして、13ページにございますように、法律改正を行うというように方針の転換をいたしまして、平成27年の金商法の一部改正につながっていったということでございます。

法改正の内容ですけれども、まず、ファンド運営者の届出者の要件を厳しくしているところでございます。業務廃止命令を受けてから５年間等が欠格事由になることと、届出書の記載事項について、拡充また公表の義務づけを行っております。詳しい内容は17ページの政府令で規定しており、ファンドの投資内容・勧誘対象、あるいはプロの名称、役員等の履歴書等についての届け出を義務づけ、また公表を義務づけている内容としましては、代表者の氏名や住所、電話番号、アドレス、ファンドの事業内容等について公表をさせるといったことを行っております。

２つ目として、実態を伴わない適格機関投資家が相変わらず存在したということで、これを排除するために、適格機関投資家の範囲や要件を設定したところでございます。５億円以上の運用資産残高を有しない場合はプロとして認めない。あるいは、プロ向けファンドの届出者と密接に関連する者等の出資割合が過半である場合にはプロ向けファンドとして認めないといったことをしております。

３つ目14ページでございますが、届出者に対する行為規制の導入でございます。登録業者と同等の行為規制を導入いたしまして、適合性の原則ですとか、あるいは契約締結前の書面等の交付義務、忠実義務、善管注意義務、投資家利益を害する取引行為の禁止等を入れております。また、事業報告書の作成・当局への提出、帳簿書類の作成・保存等ということで、顧客勘定の元帳、運用明細書等を作成させることといたしております。

さらに15ページ、これに加えまして、問題があった業者に対する監督上の処分として、業務改善・停止・廃止命令を導入したり、あるいは報告徴求・検査を行う。裁判所による禁止・停止命令の対象について、業務執行が著しく適正を欠き、投資家の損害拡大を防止する緊急の必要がある場合にも拡大し、さらに罰則の強化といったこともあわせて行ったところでございます。

16ページにございますように、このような形でそれまでより厳しい規制がかかったこととあわせて、プロ向けファンドで勧誘できる対象の個人につきまして、その前の年のパブリックコメントのときに比べますと、広がった形にしたところでございます。26年５月のパブコメ時の見直し案の内容に加えまして、国や純資産等5,000万円以上の法人、ファンド運用者の子会社等、ファンド運用者の親会社・子会社等の役職員等にも広げ、かつ、一定のベンチャーファンドにつきましては、上場会社の役員と弁護士等についても対象として認めるということでございます。

以上が、２点目の平成27年改正、プロ向けファンドに対する規制の強化に関するご説明でございます。

Ⅲ．平成29年金融商品取引法改正の概要

最後に30ページから、平成29年金商法改正の概要についてご説明したいと思います。

今年の金商法の改正は、大きく３つの要素がございました。

１つは、取引の高速化への対応ということで、当局が株式等の高速取引の実態を確認できるように登録制を導入したといったものでございます。

２点目が､取引所グループの業務範囲の柔軟化ということで､取引所グループ内の共通･重複業務の集約､あるいは外国取引所等への出資の柔軟化を行っております。

３点目として、上場会社によるフェア・ディスクロージャー・ルールの整備を行っております。

１．取引所グループの業務範囲の柔軟化

順番が前後いたしますが、まずは33ページの取引所グループの業務範囲の柔軟化についてご説明いたします。具体的な業務としては、システム開発が念頭にございまして、実際に府令でもそのように定めたところでございます。持株会社のもとにぶら下がっている取引所やその子会社が共通・重複業務を行っている際に、集約して取引所本体のほうで行うことを可能にするとともに、外国の取引所等に対して出資をする際に、出資された外国の取引所の下に子会社（事業会社）がぶら下がっている場合に、これが業務範囲を超えるものであっても、５年のうちに適正な措置をとれば、出資をしても構わないといった形で、外国取引所等へ出資しやすい形をとったところでございます。

２．上場会社によるフェア・ディスクロージャー・ルールの整備

次に34ページ、フェア・ディスクロージャー・ルールということで、企業が未公表の決算情報等の重要情報を証券アナリストなどに提供した場合に、他の投資家にも速やかに公平に情報提供することを求めたものでございます。35ページにありますように、公表されていない重要情報を証券会社、投資家等に伝達する場合、意図的に伝達する場合には同時にホームページ等で公表すること、意図的でない伝達の場合は速やかにそうした情報をホームページ等で公表することを求めております。

3．取引の高速化への対応

続きまして37ページ以降の取引の高速化について、背景も含めて少し詳しく説明をいたします。

（1）アルゴリズム取引とは

まず、アルゴリズムとは何かということですが、ある特定の問題を解いたり、課題を解決するための計算手順や処理手順のことということであり、また、アルゴリズム取引とは、注文の開始、タイミング、価格や数量、発注後の管理など注文のパラメーターについて、人手の介入をなくして、コンピューターのアルゴリズムが自動的に決定する金融商品の取引だということでございます。

先ほどHFTという言葉が出てまいりました。HFTとはHFT（High Frequency Trading）ということで、直訳すると高頻度取引ということになると思います。最近は、HST（High Speed Trading）という高速取引という意味の言葉が使われることが多いようでございます。資料の中では両者を混在して用いておりますが、いずれにしろコンピューターを利用した形で、人手を介さない形で行われている取引だとご理解いただければと思います。

（2）アルゴリズムを用いた高速な取引で行われるとされる投資戦略の例

資料の38ページに、アルゴリズムを用いた高速取引で行われるとされる投資戦略の例について、まとめたものがございます。幾つか類型がございますけれども、一番上が受動的マーケットメイクということで、市場に売りと買いの両方の注文を出しておいて、ほかの投資家の取引相手となることにより、ビッド・アスクのスプレッドを利益とする戦略でございます。膨大な注文数や高いキャンセル率が特徴になります。

また、アービトラージという戦略もございます。これは、同一商品の市場間での価格差、あるいはETFとその原資産のバスケットの価格差などに注目して、裁定取引を行って利益を上げる戦略でございます。

そのほか、3つ目の類型としてディレクショナルということで、一方向に着目した取引がございます。トレンド・フォローということで、株価の動きに一定のトレンドがあることを前提に、価格が上昇傾向にあるものを買って利益を出す、あるいは下落傾向にあるものを売って利益を出すという戦略。また、ニューストレーディングということで、過去のパターンからマクロ経済や企業業績等に係るニュースへの株価の反応を予想して利益を上げる戦略。あるいは、大口取引者の取引ニーズを何らかの方法で察知して、その大口取引者に先んじてポジションを構築することによって、大口取引者の取引によって価格が変動した後にポジションを解消して利益を得るような取引。そして、高速・大量の注文及び注文取り消しによって、ほかの人のアルゴリズムを反応させて、価格の急変動を起こそうとする取引。こういったものがあると言われているところでございます。

（3）取引の高速化（イメージ）

39ページに、高速取引のイメージが書いてございます。一番上にあるのが、伝統的な形の投資家による注文の指示でございまして、投資家が証券会社に注文の指示を出して、これを受けた証券会社が取引所の取引システムに対して注文を出すといったことがイメージされていたわけでございますけれども、取引所の中にコロケーションエリアとあります。取引所の取引システムのすぐ近くに特別のエリアをつくって、その中にサーバーを置くことによって、なるべく早く取引システムにアプローチできるようにするということで、コロケーションエリアの中に証券会社等がサーバーを置いて、短時間の間に高速の取引を行うことができるようになっております。こうしたサーバーを証券会社が持っているのはもちろんのこと、証券会社がさらにそれを投資家に貸したりすることによって、投資家が証券会社を経ずして取引システムに近づいていけるということが起こってきているところでございます。

下の赤い四角にございますけれども、このように取引形態が多様化していく中、投資家の取引ニーズに対する証券会社の関与が薄まっていることや、証券会社や投資家の注文がシステム化されてきている状況がありますけれども、これをどう考えるのか。それに起因したリスクが高まってきていることはないかという問題意識を持っているところでございます。

（4）取引所・証券会社・投資家の関係（イメージ）

取引所・証券会社・投資家の関係についてのイメージとしまして、40ページに若干複雑な図になっておりますが、投資家のX、Y、Zにつきましては、みずからの取引戦略を証券会社に悟られたくない等の目的がある場合には、1つの証券会社に対して全ての注文を出すということではなく、例えば戦略ごとにバラバラに証券会社に対して発注をするという実態がございます。こうしますと、証券会社は投資家Xがどういう投資行動をとっているかという全体像がわからなくなってしまう。取引所も市場取引の全体像を十分に把握し切れなくなってきているといったことが起きているのではないかという問題意識がございます。

（5）東証の全取引に占めるコロケーションエリアからの取引の割合

41ページで、東証の全取引に占める、コロケーションエリアからどれくらいの取引の注文が出ているのかということですが、2010年から右肩上がりで上がってきておりまして、注文件数のベースでは、75%がコロケーションエリアからのものとなっているという実態がございます。

（6）欧米におけるHFTのシェアの推移

42ページの外国の例を見ても、米国におけるHFTによる取引のシェアは50%から60%くらいで推移をしてきている。欧州についても、2012年の時点ですけれども、40%くらいということで、欧米におきましても同様にこうしたHFT、HSTが非常に大きなシェアを占めるようになってきているところでございます。

（7）取引の高速化を巡る主な経緯

43ページの取引の高速化を巡る主な経緯ですが、先ほどご説明したような背景を受けて、2010年くらいから取引の高速化の問題が強く意識されてきたと思っております。特に2010年5月にアメリカで起きましたフラッシュクラッシュ、あるいは2012年8月に、これもやはりアメリカでナイト・キャピタル社による誤発注事件が発生して、アルゴリズムによる取引の危険性が当局の中で強く意識されたところでございます。2010年11月のG20ソウルの首脳レベルの文書においても、取引の高速化に対する対応策をとるようにということで議論になったところでございます。

（8）フラッシュクラッシュ

44ページで2010年に起きましたフラッシュクラッシュについて、少し詳しくご紹介しております。2010年5月、相場が閉まるちょっと前ですが、午後2時42分から5分ほどの非常に短い時間に、ダウ平均が約5％、急激な値下がりをし、その後2分で戻ってきたということでございます。

短時間の急速な下落に先立ちまして、この日はもともと大きく相場を下げていた日でございまして、5％くらい下がってきたところに、引け際に一気にさらに5％も下がったということで、大きな変動があったところでございます。先物市場で始まった価格変動が、現物やETF等に急速に伝播して、20分の間に個別株やETFなど多くの商品で価格変動が生じました。326銘柄にわたる2万件以上の取引が、急落直前の価格と比べて60％以上も下回る低価格で成立しました。これらにつきまして、後に取引所のほうがこの取引を全て取り消しましたが、これほど広範な取り消しというのは過去にないということで、大変大きな影響があったところでございます。

これがどのようにして起きたかというのは現在でも必ずしも明らかになっているわけではないのですが、いずれにしても高速な取引が発生あるいは伝播にかかわったことというのは事実であろうと思われております。

（9）ナイト・キャピタル社のシステムトラブルによる誤発注

45ページですけれども、その約2年後に、ニューヨーク証券取引所（NYSE）において、ナイト・キャピタル社が大規模な誤発注を起こした事案でございます。普通の日だと、S&P500指数連動型ETFというのが最も多く取引されるわけでございますけれども、その取引量を上回る銘柄が50銘柄も存在することとなった。異常な注文が行われた結果、多くの銘柄でミニフラッシュクラッシュが発生したということでございます。ナイト・キャピタル社というのは、アメリカの全株式取引の1割くらいに関与する大きな会社であったわけでございますけれども、154銘柄の株式で大変多くの取引を成立させてしまい、約5億ドル弱の損失をこうむってしまった。後に他社に買収されるといったことで、みずから事業を継続することができなくなってしまったわけでございます。また、NYSEは、6つの銘柄の取引については取引の取り消しを決定したということでございます。

誤発注の原因というのが、ナイト・キャピタル社が8台のサーバーを持っていたわけですけれども、新たなプログラムを組み込む過程において、そのうちの1台のサーバーにプログラムをコピーし忘れたことが原因でシステムトラブルが起こってしまったといったことでございます。

このような事件なども受けまして、先ほど申し上げたように、サミットで議論されたりいたしました。

(10) 市場の安定性に与える影響

46ページ以降は、市場ワーキンググループの委員の先生方にご議論いただいたという論点を書いてあります。

まず1つが、市場の安定性でございます。相場の急変動やボラティリティーの上昇と、アルゴリズム取引との関係について、どう考えるかといったところでございます。

一番下にスティグリッツ教授のことが出ております。HFTがボラティリティーを高めているという人と、そうではないという人の双方がいるといった紹介がありまして、47ページにそれぞれの研究結果について、載せてあります。

上のキリレンコ教授ですけれども、3つ目の黒丸をご覧いただくと、相場の変動が少なければ、HFTの動きも市場を片方に誘引することはないが、市場がストレス状態にある場合、HFTの注文フローの偏向が拡大して、これがさらなる相場変動をもたらすことを実証したと主張されているところでございます。一方、下のヘンダーショット教授ですけれども、2つ目の黒丸からですが、アルゴリズム取引が、板に出ている注文に自分の注文をぶつけて約定しにいく量がふえるのは、板が薄いときではなく、アルゴリズム取引以外の者が注文を多く出して板に厚みがあるときとあります。こうしたことからすると、アルゴリズム取引はボラティリティーを高めているのではなくて、むしろ抑制をしているのだという主張もあるところでございます。これが１つ目の市場の安定性に与える影響でございます。

２つ目の論点として、48ページの市場の公正性に与える影響。我が国でも、アルゴリズム取引を用いたり、あるいはアルゴリズムに働きかけるような相場操縦事案の勧告事例があるところでございます。例えば、事案１で申しますと、相手方のアルゴリズム取引の特性、指値変更注文にアルゴリズムが瞬時に反応する癖のようなものを利用して、相場操縦を行った事案でございます。また、事案３ですが、反対注文の発注や見せ玉の取り消しについて、アルゴリズムをツールとして活用して、相場操縦を行ったような事案が出てきているということでございます。

こういう市場の公正性についてどう考えるかということについて50ページでご説明してございます。黒丸の３つ目のIOSCOの報告ですけれども、他者の注文の察知を試みる取引戦略などについては、明らかな不公正取引とは言えないものの、こうした取引が高頻度で大量に行われると、結果的に市場の質や信頼を損ねることにならないかといった問題意識があるところでございます。

他にも幾つか問題意識がございます。簡略にご説明しますが、51ページは市場の効率性に与える影響ということで、なるべく取引所の取引システムに近いところで取引をする、高速で取引をすることによって、他者よりも優位に立とうということをやっているわけです。このスピード競争のために大変大きな費用や労力をかけておりますけれども、これが果たして市場の効率性を高める上でどこまで意味があるのかといった問題意識も投げかけられています。

続いて52ページ、投資家間の公平性に与える影響でございますけれども、仮にアルゴリズム取引が高速性を生かして優位に立って、一般の投資家よりも過度に多くの利益を得るのだとすると、投資家に不公平感を与えることにならないのかといった論点でございます。２つ目の黒丸でございますが、取引技術に対する投資をHFTと同様に行うことが困難な市場参加者の中には、HFTが先に注文を執行し、流動性にヒットしてしまうため、不利な立場に置かれていると主張するものが存在しているといったことも言われているところでございます。

53ページが、企業価値に基づく価格形成が阻害されていることがないかといったところでございます。4つ目の黒丸でございますけれども、企業価値を分析して投資判断を行う者が、みずからの分析の成果をHFTに盗み取られてしまうことを懸念して取引所から逃げてしまうと、市場の価格発見機能の低下につながるのではないかといった問題意識でございます。

最後54ページが、システム面に与える影響で、万が一の場合、システム面でのトラブルが市場に大きな問題を引き起こすおそれはないかということで、システムがどんどん高度化する中で、オペレーションリスクも高まってきているのではないか。4つ目の黒丸ですが、誤発注、急停止、遅延、不法侵入などのリスクが高まっているのではないかというような問題意識があるところでございます。

(11) アルゴリズムを用いた高速な取引に関する規制の概要

55ページ以降、欧米の規制や我が国の規制を紹介しております。

特に欧州におきましては、我が国で法改正の議論がなされていた当時において既に、2018年1月からアルゴリズム取引に関して登録制を導入することが決まっておりましたので、56ページでそのご紹介をしております。HFT業者を登録制とし、体制整備・リスク管理義務を負わせたり、当局に対する通知・情報提供義務を負わせるといったようなことを、欧州では決めていたところでございます。

(12) 29年金商法改正の概要

以上のようなことにつきまして、市場ワーキンググループで先生方にご議論をいただいた結果、32ページにございますように、29年改正によりまして、株式等の高速取引を行う者に対して登録制を導入したということで、体制整備・リスク管理に関する措置として、高速取引業者に取引システムの適正な管理・運営を求めて、誤発注のようなことを起こさせないようにする。あるいは、適切な業務運営体制を確保する。外国法人の場合、国内に代表者または代理人を設置するといったようなことを求めております。

また、２つ目といたしまして、当局に対する情報提供等でございますけれども、まず、高速取引を行うことの届出、取引戦略について届出を行う。取引記録について作成・保存する。また、当局による報告徴求・検査・業務改善命令等の規定も整備しております。

そのほか、証券会社が無登録の高速取引業者から取引を受託することを禁止したり、高速取引者に対して、取引所が調査をできるといった規定を設けたところでございます。

さらに細かい規定が政令・府令で定められることとなりますが、36ページの政府令においては、高速取引行為をさらに定義したり、あるいは２つ目の当局に対する登録申請で、取引戦略について、マーケットメイク、アービトラージ、ディレクショナル、その他の４つの類型に分けて、高速取引者から取引戦略を出してもらうというふうに決めております。

以上、駆け足でございましたけれども、ご報告させていただきました。ありがとうございました。

討　議

神作会長　小森課長、ご報告誠にありがとうございました。平成26年、27年、29年と、最近の３回の金商法の改正について、大局的な観点から、かつ、詳細なご報告をいただきました。

それでは、ただいまの小森課長のご報告に関し、ご自由にご質問やご意見を頂戴できればと存じます。どなたからでも、どの点からでも結構でございますので、ご質問、ご意見等をいただければ幸いでございます。いかがでしょうか。

大崎委員　大変詳細なご説明ありがとうございました。

これは監督の実態の話なので、小森課長にお聞きするのは適切でないのかもしれないのですが、せっかく過去３年の改正のご紹介をいただいたので、過去の改正の効果についてどう見ておられるかという観点から、少しお話しいただければと思うのです。

例えば、投資型クラウドファンディングの解禁と制度整備ができたわけですけれども、これの利用実態についてどんなふうに把握し、見ておられるか。それから、プロ向けファンドについては、投資家の属性で、今ご説明いただいたとおり、規制の強化がなされたわけですが、それによってプロ向けファンドを悪用するようなことが減ったと見ておられるのか。あるいは、改正の議論をした当時、今までやっていた、少なくともやっている人が正当だと考えていた行為がやりにくくなるというご指摘が、いわゆる市民ファンドと呼ばれるような方からあったりしたのですが、そのような弊害が実際に生じたと見ておられるのか、その辺をご教示いただければと思います。

小森報告者　まず、第二種金融商品取引業協会の公表資料によると、投資型クラウドファンディングについて、この法改正以降、今年の９月までの間に計333本、目標募集額にしますと22億円の資金調達が行われたということでございます。

大体、四半期ごとに整理しているようなのですが、改正後、急に増えたとか急に減ったということではなくて、比較的安定して、一定の数のクラウドファンディングを用いた資金調達が行われるようになったようでございます。

もう１つ、プロ向けファンドについて、先ほどのグラフで見ていただいた国民生活センターに寄せられた相談件数は、2011年とか12年には千数百件に上っておりました。これは国民生活センターの公表資料ではありませんが、その後の相談件数を集計したところ、昨年は400件程度で４分の１ぐらいになり、今年はまだ途中ですけれども150件程度ということで、趨勢的にかなり右肩下がりになっていますので、こうした点からは、法律改正の効果が現れているものと認識しています。

河村委員　今の大崎委員の質問と私も全く同じなんですけれども、私自身、規制の影響分析であるとか、レギュラトリー・サンドボックスであるとか、そのあたりに関心を持っていまして、規制の事前評価だけでなくて、事後的な評価がすごく大切なのだろうと考えています。そういう意味で言うと、今回ご紹介いただいたさまざまな諸政策が本当に本来の目的を達しているのか。また、想定したほど達成されていないということであれば、どのあたりに改善点があるとお考えになっておられるのかということをお聞きしたいのです。

今、投資型クラウドファンディングのお話がありましたが、例えば株式のほうだとまだそれほど伸びていないという状況があると思いますし、本来であれば、それと株主コミュニティ制度がうまくつなぎ合わされば、もっと拡大していくのかもしれませんけれども、そのあたりも、見ている感じでは、まだうまくいっていないのかと思います。新規上場会社における内部統制報告の監査の免除に関しても、あれが本当に新規上場会社の増大につながっているのかどうか。あるいは、逆に副作用みたいなもの、例えば新規上場会社が不適切な開示をしてしまうとか、そういう事態が発生しているのかどうか。そのあたりについてきちんと検証されていて、どのあたりに改善すべき点があるのかというのを確認することが大切なのかなと思うのですけれども、改めて今お話しになっていないところ、株式投資型と株主コミュニティとか、新規上場の監査の話であるとか、そのあたりについてのご認識はいかがでしょうか。

小森報告者　監査のほうは、私から申し上げられないのですけれども、クラウドファンディングと株主コミュニティは、河村先生がおっしゃったように、制度ができたときからそれらを接続して使うことが狙いの１つであったと思っておりますが、おっしゃるとおり、期待したほどには至っていないのかなと思うところでございます。

日証協において非常に熱心に旗を振っていただいて、宣伝・普及に努めていただいている中ではあるのですけれども、もう少し増えることが期待されていたのだろうと思います。もし何か足りないところがあるのであれば、それらをさらに改善したり、また違うアプローチも考えてみないといけないのかもしれないと思います。

金融庁は規制の影響評価を一生懸命やってくださいということを国際的にかなり強力に主張していまして、私もこの夏までそのような仕事に携わってきたところですが、施策についてきちんと影響評価をして、さらにその先の施策につなげていくことは重要だと思います。

小出委員　投資型クラウドファンディングの話が出てきましたので、少しだけお聞きします。

先ほど、今回の改正以後、クラウドファンディングは、333本、20億円超ということで、それほど際立ったものではないけれども、まあまあだということをおっしゃっていらした。これは全体としてのファンドの本数と金額ということだと思うのですが、業者の数としてはどのくらい出てきているのかというのが1つ質問です。

今回の改正による規制の趣旨は理解できますし、反対でも何でもないのですけれども、ただ、もともとのクラウドファンディングというものの形を考えると、これは基本的には、ポータルというか、プラットフォームを提供する業者のはずで、そういった業者に対してベンチャー企業の事業内容のチェック等を義務づけるというのは、見方によっては、あるいはおそらく業者側にとっては、過剰な義務だと考える方もいらっしゃるのではないかと思うのです。そのあたりの義務があるために、業者の参入が伸びていないという実態はあるのか。あるいは、これはなかなか言えないのかもしれませんが、具体的に改正の要望といったものが現実にあるのかどうかといったことについて、お聞かせいただける範囲でお聞かせいただければと思います。

小森報告者　もっと使い勝手をよくしてほしいという声は、もちろん聞いているところではあるのですけれども、他方で、信頼できる制度であるということも大事なのかなと思っているところでありまして、法改正したときも、その当時の気持ちとして、バランスをとった形でやったというつもりだと思います。時代はどんどん進んできていますので、またいろんなことを考えるということはもちろんあると思うのですけれども、現在、すごく強くこれを変えてほしいとアプローチをされているわけではないのではないかと認識をしております。

松尾（直）委員　平成18年改正によるプロ向けファンド制度の創設後に、投資者被害が出たということで、私はいろいろ批判されて、本研究会で報告して反論した（研究記録第52号（平成27年8月））のですが、あの経験からすると、新しい制度をつくることによるお墨つき効果があって、こういうスキームがあるんだと問題のある人が気づくわけです。大雑把には、大体2割ぐらい問題が生じ得ます。この問題は、制度設計をするときに何を重視するかによります。2割の問題のある人による投資者被害を未然に防止することを重視すると、規制強化の方向になる。平成26年金商法改正による投資型クラウドファンディング制度の創設は、規制緩和が主な趣旨だったはずですけれども、結果的に規制強化になっています。「電子募集取扱業務」を行うためには、少額業者に限らず変更登録が必要になっており（金商法29条の2第1項6号、31条4項)、「電子申込型電子募集取扱業務等」（金商業等府令70条の2第3項）については、同条2項に基づいて、小出先生ご指摘の厳しい規制があります。

加えて、私は、二種協会の関係の仕事をしているのですけれども、金融庁のご指導を背景として、二種協会は府令にさらに上乗せする自主規制規則を定めていて、法令と合わせて相当な規制強化になっており、投資型クラウドファンディング業務をするなと言わんばかりの規制になっているのです。そのおかげで多分件数も増えずに、投資者被害もそれほど出ていないというメリットがあるのです。だから、結局、どう考えるかなのです。

私は最近心配しているのはむしろ仮想通貨で、平成28年資金決済法の改正で「仮想通貨」の定義を設けて、「仮想通貨交換業」の登録制度は設けただけで、その後、整備等法で所要の規制が整備されるのかなと思っていたら、整備されなくて、現在、仮想通貨出資のファンドとか、仮想通貨デリバティブ取引とかは規制がないのです。恐らく2割ぐらい被害が出るだろう、だから、仮想通貨の健全な発達のためには規制したほうがいいと個人的には思っているのですけれども、金融庁は実は今は余りやる気がなさそうに見える。

その時々で軸足が微妙に、被害の未然防止に行くか、イノベーションの促進に行くかで、動いており、イノベーション促進に行けば、問題のある人による被害は必ず出るわけです。未然防止に行けば被害は少ないけれども、制度の使い勝手はそんなによくないということで、あまり参入しないということで、難しいですね。それぞれの方々の価値観に依存すると思うのですけれども、小出先生、どっちですか。

小出委員　私は全く責任のある立場でないので、自由に言えるのですけれども、私は今の松尾先生のお話は非常におもしろくて、投資型クラウドファンディングは本当にそんなに厳しく規制するべき場所なのかというのは、今お話を伺っていて、考えてみる必要があると思いました。ほかに規制すべきところは、先生がおっしゃるように、仮想通貨も含めて現在ある中で、全体としてのバランスをどういうふうに見るべきなのか。もちろん時期が違いますから、先生がおっしゃったようにその時々の軸足はあると思うのですけれども。投資型クラウドファンディングに関して言うと、被害例を皆無にすることは恐らく不可能だと思うのです。被害がゼロでなければいけないというのであれば、厳しい規制でいいのかもしれないのですけれども、先ほど河村先生のおっしゃいましたレギュラトリー・サンドボックスの話ではないのですが、一定範囲の中で、もう少し使われ方が拡大する方向で行ってもいい。つまり、仮想通貨のように、本来いいかどうかよくわからないようなものとは違って、投資型クラウドファンディングは、うまく使われればいいものだということは間違いないと思いますので、その意味では、場合によっては、もう少し緩和するという方向性もあるのではないかと、個人的には思いました。

大崎委員　今のような視点に関連して、一番詳細にご説明いただいたアルゴリズム取引に関する規制について、ちょっと感触を伺いたいと思うのです。ご紹介いただいた政・府令案の内容について、いろんな反応もお聞きになっているかと思うのですけれども、特に登録申請時に記載する内容について、当然十分なものと想定して設定されていると思うのですが、これが過剰な負担になるとかいうような懸念についてはどうお考えか、教えていただければと思うのです。

というのは、やはり取引高に対してアルゴリズム取引が占めているシェアの高さを考えると、これが本当にいなくなってしまうという極端なことが起きますと、市場の流動性が著しく低下するということも考えられなくはないわけですので、その辺、どう見ておられるかを教えていただければと思います。

小森報告者　今回、この政令・府令案はもちろんパブリックコメントにかけていますが、その検討にあたっては、それ以前から、随時そして頻繁に、関係者と意見交換をしてきました。そこで頂いた意見を取り入れたものもあれば、取り入れていないものもございます。

例えば、高速取引行為者における帳簿書類の保存期間を10年にしております。これは金融商品取引業者における帳簿書類の保存期間と同じですが、欧州の規制だと５年や７年だということらしく、10年は長過ぎるという意見も多く聞かれました。ただ、日本の法律にも日本としての考えがあるので、10年のままとしました。

もう１つ紹介しますと、同じグループ内の別の主体が例えばシンガポールやロンドンなどにあり、別個に高速取引行為を行う場合に、グループとしてまとめて登録できないか、という意見があったのですが、法令上、各主体の行為をうまく捕捉することが難しいと考えられますので、そこも変更はしてございません。

このように変更はしなかったものもありますが、欧州でも同様の規制がありますし、それを含めてほかの国で何をやっているのかということも考慮しつつ検討を進めて参りましたので、とんでもない規制が導入されるというような反応はなかったのではないかと思っています。一方、金融庁として踏み込んだ点としては、高速取引行為者が作成・提出等すべき全ての書類について英語による提出を許容している点が挙げられます。これは金融庁内部で随分議論した結果、このような形になったのですけれども、比較的好意的に受けとめられたと思います。

弥永会長代理　高速取引の政令・府令について質問があったので、私もちょっとお聞きしてみたいことがあります。

1つは、最低資本金1,000万円、また、最低純資産額ゼロという規定は、要するに、債務超過でなければよいというようにみえます。この程度の規制をかぶせる意味がどこにあるのかという点を伺えればと思います。このようなルールを設ける趣旨がどのようなものなのかをお聞きできればと思います。

もう1つは、取引記録を保存させるという規制は、後になって何か問題が起きたときにチェックできることを期待しているのか。それとも、別な意味があって、このような規制が設けられているのかということです。

小森報告者　高速取引行為者の登録における財務要件の趣旨としては、実体のない会社が登録主体となることを避けるほか、その高速取引行為を行ううえで必要となる一定の資本要件を設けたものであり、あまり厳しくはない一定のスクリーニングがかかることになっているのではないかと思っております。

取引記録の保存は、特に不公正取引などが起きたときに事後的に検証可能にしておかないといけないというところが、非常に大きな点の1つだと思っています。また、そういう規定があることによって、不公正取引などの発生を未然に防止しているという面もあるのではないかと考えております。

大崎委員　今の点について、アメリカのSECなどはconsolidated audit trailということで、市場運営者の側で取引の記録を全部把握するよう制度整備を進めているようです。私もこれを日本でやるべきと言うわけではないのですが、そういうことをアメリカはやっているわけです。取引者の側に記録をきちっとしなさいと言っても、改ざんとかそういう悪質なことも想定できなくはないので、規制の目的がちょっと違うような感じもするのですけれども、その点はいかがでしょう。

小森報告者　取引所・証券会社・投資家の関係ということで、資料のイメージ図でもご説明したところですけれども、これまでは、取引所が捕捉できるところが基本的には証券会社までだったということだと思っていまして、そうだとすると、今回取引所が新たに手にしたツールは、高速取引を行う投資家が何をやっているのかということが一覧のもとにわかるというところが、高速取引行為者の側に網がかかった意義なのかなと思っております。

松尾（健）委員　今の高速取引のところですけれども、高速取引の定義の中で、アルゴリズムの発注元がコロケーションエリアなどにあるとされて、コロケーションエリアのように、注文を早くつなげる人がいるということを前提にされておるように思います。そもそもそういうことを認める意味というのか、メリットについてはどうお考えになっているのかと思いまして、お尋ねしたいと思います。

小森報告者　もしかすると取引所からお答えいただいたほうがいいのかもしれませんけれども、コロケーションエリアができたゆえんは、私の理解するところだと、もっとずっと昔の原始的に取引をやっている時代でも、なるべく早く情報を入手してそれを取引に反映させるという競争を、取引参加者はずっと続けてきた。こういうコロケーションエリアのようなものを設けないと、マクロ的に意味のない競争、すなわち、取引所のシステムの回線の近くに自分のオフィスを構えて、そこに自分のコンピューターを置くというような競争をしてしまう。コロケーションエリアの中にあれば、皆全く同等の条件でコンピューターにアクセスできるので、そのような競争に終止符を打つためにこういうことがあるのだろうと理解しております。コロケーションエリアは別に東証だけがやっているものでもなく、世界のほかの取引所でもできているところなので、我々のほうとすると、それを特に禁じる理由はなく、それがあることを前提とした上でどうするのかということだと考えております。

神作会長　塚崎オブザーバーからご発言いただくことはございますでしょうか。

塚﨑オブザーバー　まさに市場課長がおっしゃられましたとおり、取引を1分1秒、マイクロ秒という世界で、少しでも早く発注をという、ここ10年、20年さかのぼるところの取引の競争の世界の中で、古くは立会場があった時代から、人手による取引からシステムに変わって、システム化すれば場所に余り制約はないという考え方から、システムの世界でも、やっぱりシステムに近いほうが時間的にも有利さがある。システム化された中でもさらにという状況の中で、まさにコロケーションと言われる仕組みが、ここに来て志向されるようになったというところだと思います。まさにそういった状況があることが前提の上でということだろうと思います。

中東委員　私も、松尾健一委員がおっしゃったことと同じような問題意識がありまして、お伺いしていてなるほどと思う点は、報告資料の39ページの図で申し上げますと、伝統的な一般投資家は一番上のラインによらざるを得ないという現状があるわけで､同時にみんながアクセスする状態かというと、そうでもない感じがします。とりわけこのエリアの中の一番下、サーバーに投資家が直接入ってしまえるということになると、随分と差があるという感じがしまして、この点について対応しないと、報告資料の59ページの最初の黒丸で意見が示されているようですが、だんだん一般投資家はこの市場で取引をするのをやめようということにならないかなと思うのです。この点についてどのように考えていらっしゃるかお教えいただけますでしょうか。

小森報告者　おっしゃるとおりだと思っておりまして、報告資料にもございますが、高速取引をする人よりも不利な立場に置かれているのではないかということで市場での取引を敬遠する人が出てしまうと、市場が歪んだ形になってしまうおそれがあるということだと思います。そうした中、少なくとも今の時点において、私たちとしては、何か起きたときに、何でそういうことが起きたのかということが、今よりもはっきりと把握できるようになっていないといけないという問題意識があったので、今回、登録制にしつつ、取引記録を保存させたり、事後的に検証できるような仕組みを入れたというところであります。

これは常に言える話だと思うのですけれども、自由に競争していただいて、自分がより有利になろうというインセンティブは、そのこと自身は決して否定されてはいけないことだと思うのですけれども、それが第三者にどんな影響を与えていくかというバランスの中で、今の段階では、こういったことを導入させていただいたということだと思っております。

大崎委員　今の議論はちょっと誤解があるのではないかと、私はこのアルゴリズム取引をずっと研究してきた人間として思っていまして、まず１つは、コロケーションエリアのサーバーに投資家の発注サーバーが直接組み込めることが不公平かどうかという問題なのです。これは費用負担さえすれば誰でもできるわけでありまして、一個人投資家でも、もし本気でそういう取引をしたいと思うのであれば、非常に費用はかかりますけれども、その費用さえ負担すればできるわけなので、不当な差別が行われているというのとは全く問題が違うということだと思うのです。伝統的な発注方法を利用する方は、それだけ低いコストしか負担しておられないので、何か新しい発注の方法ができたからといって、政策的に是正しなければいけないような差異が生じているというのは誤解だと私は思っております。

もう１つは、仮に俗に言われる先回り取引が現実に存在するとして、例えばゆっくり流れてくる注文を見て、その買い注文と同じ価格での買いを約定させた上で、１ノッチ上げて売り向かうというようなことを仮にする人がいたとして、それによって伝統的に発注をする人が損をするのは一体幾らなのかというと、結局１ノッチなのです。今の東証の主要銘柄でいけば、１株につき10銭です。あるいは１円刻みの銘柄ですと１円ということです。

アメリカのこういうことを研究している人たちも言っていたのですが、例えば非常にファンダメンタルな分析をして、長期的な観点からこの銘柄を長期投資しようという人にとって、アメリカで言えば１セント高く買わされる、１セント安く売らされるということが、果たしてどれほど現実的な投資の障害になるのか。こういうアルゴリズム取引が全くない状態を考えると、そもそも買い注文を入れても売り注文が出てこない、約定しないということが想定できるわけなので、むしろ流動性を高めることによって、1セントなり1円、10銭なりの手数料といいますかを取っていると考えるべきでないかという議論があって、私はそれに基本的に賛同しているのです。

神作会長　中東さん、何か反論等ありますでしょうか。

中東委員　さきほど、報告資料の59ページの黒丸だけに言及させていただいたのは、アクセス方法の違い自体が不公正であるとか、そういう話ではない、つまり、大崎委員がおっしゃったように、これで不当な差別をしていると当然に評価されるべきものではないことについては承知しています。ただ、マーケットの厚みを増していくとかそういった観点から見た場合に、本当に大丈夫なのだろうかという問題意識でお伺いしました。ですので、お教えいただいたように、長期保有する人にとってもこれは実はメリットがある仕組みなのだということなのであれば、それはそれで理解ができるところでございます。

河村委員　今の話の続きなんですけれども、私も詳しくは知らないのですが、アメリカでは、投資家間の不公平という話だけではなくて、結局、こうしたスピード競争に果たして意味があるのかという議論もやはりあって、その観点から、例えば連続時間取引ではなくて、時間を断続的に区切って、そこで注文を集めてやっていく高頻度バッチオークションという提言もされているかと思うのです。今回、高頻度取引に関する規制を入れて、現状分析した結果、本当にこういうスピード競争に意味はないということになっていった場合には、そもそも現状の連続時間取引から断続的な時間取引のほうへ移っていくとか、そういう検討も開始されるのかなということを勝手に思っているのです。もしかしたら既に検討されている、あるいは取引所のほうでそうした点について既にお考えになっておられるのかどうかというところを、少しお聞かせ願えればと思います。

小森報告者　先生がおっしゃったとおり、取引所は、この分野では私どもよりも前線に立っておられて、いろんなことを教えていただいています。少なくとも私たちのところで、断続にしたほうがいいのではないかというようなことを正面から考えてはおりません。４月以降、この改正法が施行され、また取引の高速化のトレンドは今後もどんどん続いていくと思いますので、その中で､取引所も含めて検討を深められていくことなのかと思っております。

神作会長　塚﨑オブザーバー､コメント等ございましたらお願いいたします。

塚﨑オブザーバー　まさに取引所としてもある程度の実態把握ができるような状況にはなってまいると思いますので、そういった実態把握の状況を踏まえて、必要であれば、また関係者の皆様といろんな検討をしていくということになってまいろうかと思いますけれども、少なくとも現時点で、先ほどありましたような取引のあり方の見直しについて、何か具体的な案とか、方向性とかいうものが特にあるわけではありません。今後、そういった状況を踏まえながら、必要であれば検討していくことになろうかと思います。

武井委員　大崎さんにお伺いしたほうがいいと思うのですけれども、アルゴリズム取引とAIはどういう関係になるのでしょうか。かぶる気もしますし、いろんな意味で、どうでしょうか。

大崎委員　私の理解では、AIは要するに自動的な機械学習ということだと理解しておりまして、例えばアルゴリズム取引を今までのいわば伝統的なやり方でやっている人たちも、実際にアルゴを走らせてみた結果の損益の分析をして、定期的にパラメーターの見直しなんかをやられているわけです。それを自動化しようというのが、基本的にはAIの発想かなと理解しているのです。

　ちなみに、既にAIを実装してアルゴリズム取引をやっている方は、私が知っている限りでもおられます。

武井委員　いろんなところにAIは登場してくると思いますが、証券取引で市場にAIが入るとなると、大体今の論点が多いのでしょうか。

大崎委員　恐らくそうでしょうね。まずはそういうアルゴリズム取引に利用しようということだと思います。ファンダメンタル分析にAIを使おうというのは余り聞いたことがないです。

武井委員　いろいろな弊害が悪化するのか、制度的にはどうなんでしょうかね。

小森報告者　AIがうまく働くとアルゴリズムがどんどん洗練されていくということだと思うのですけれども、それが何か質的な違いをもたらすわけでもないような気がします。

小出委員　ファンダメンタル分析にAIは余り使われていないというお話だったかと思うんですが、今いろいろな投資分析のシステムがありますけれども、例えばAIによって企業が出したプレスリリースの文面を自動的に分析していくというのは、一種のそういったものに含まれることになるのでしょうか。

もう1つは、AIに関する別の問題として、きょうのテーマから外れるかもしれませんが、AI分析による投資アルゴリズムを使った投資アドバイスや投資ファンドなどが投資家向けに提供されるようになる場合、AIは自動的に勝手にアルゴリズムを書きかえていくので、投資家の中にも、どのようなアルゴリズムが今使われているのかよく理解できないまま、投資アルゴリズムが勝手に自動的に変わっていってしまうというのが1つの論点かなと思っています

大崎委員　私が言うのもなんですけれども、私もそういう理解で、さっきファンダメンタルの分析と申し上げたのは、ファンダメンタルな企業価値判断にはAIは余り使われていないという意味で、分析するデータ自体はいろんなものがあって、今触れられた言語的な情報をAIで分析して、どういうプレスリリースが出たときにどういう反応をする癖があるということを利用して、自動発注するというのは、もう実装されていると理解しております。

本井オブザーバー　僭越ながら、1件質問させていただいてよろしいでしょうか。

このアルゴの新たな規制の内容と、フラッシュクラッシュの防止みたいな観点があるのではないかと思ったのです。そのあたりの政策目的といいますか、関連をちょっと教えていただければありがたいです。

小森報告者　フラッシュクラッシュがどうして起きたかというのは、いまだ

に確たることは言えない状態だと思っています。他方、ナイト・キャピタルの話は非常にはっきりしていて、誤発注が原因だということです。今般導入する規制では、高速取引行為者に対してきちんとした体制整備を求めておりまして、誤発注のようなことが起きて市場が混乱するようなことを、予見できる範囲内ではありますけれども、予防していくことを目的としております。

松尾（直）委員　きょうのテーマからずれるのですけれども、さっき私は今後の課題として仮想通貨の規制を申し上げたのですが、もう１つ、課題を申し上げておきたいのです。

皆様方ご承知のとおり、昨今、増資インサイダー取引の課徴金納付命令が東京高裁で取り消されまして（東京高判平成29年6月29日金判1527号36頁)、金融庁は、ホームページで取り消しましたと言うだけで済ませているのです（金融庁平成29年7月21日報道発表)。最近、増資インサイダー取引事件に関しては、まだ課徴金納付命令の取消訴訟が、私の知っている限り、裁判所で係属していまして、私自身、それに代理人として関与しているわけではないのですけれども、今後、裁判官の事実認定・評価を通じて相応の結論が出てくるだろうと思っています。

あと、報告資料の48ページについてですが、私は相場操縦事案の課徴金納付命令の取消訴訟の原告代理人をやっているのですけれども、この資料にも書いていることは、個別事案がどうかというのは別として、例えば「見せ玉」発注という表現があります。これは主観的評価が入っている表現です。客観的行為は発注した注文を後で取り消したということです。「見せ玉」というのは、それを誘引目的でやったでしょうということで、報告資料の49ページに「約定させる意思のない売り注文」と記載されています。でも、当初から約定させる意思がないかどうかは主観の問題であって、一般的には必ずしも明確ではないのです。でも、当局の資料は全てこういう書き方をしていて、最初から相場操縦目的のある悪い行為と決めつけて書いているのです。それで世の中の人が惑わされるわけです。

今の課徴金の一般論で言いますと、問題は、第１に金融庁長官が課徴金審判手続の開始決定をしているのですが、その内容は証券取引等監視委員会の勧告のままなのです。金融庁長官の判断は実はゼロです。にもかかわらず、金融庁長官は自らの名前で決定しており、責任を負っている形になっているのです。金融庁としてこんなことでいいのでしょうか。監視委員会の言っていることの丸のみなのです。それはなぜかというと、当時の立案担当者の三井さんに聞いたのですけれども、監視委員会は８条委員会だから、そういう開始決定はできない、金融庁長官がするしかないんだということなのです。それはそうなのです。

もう１つは、金融庁長官が最終的に課徴金納付命令を決定するのですが、その間に審判手続という行政事件手続が入ってきて、金融庁長官の判断は審判手続の丸のみなのです。金融庁長官は何の判断もしていない。

私は経験して、審判手続にはかなり問題があると思っていまして、実際、審判で課徴金納付命令が課された事案で、取消訴訟で裁判所が取り消した事案が出てきているわけで、審判手続をそろそろ見直したほうがいいのではないか。いきなり取消訴訟を提起させてほしいです。証拠は文書提出命令を裁判所に出してもらいますから。

金融庁の総務企画局のやっていることは割と透明なのです。金融審議会で審議されていますから。これに対し、エンフォースメント当局、特に証券取引等監視委員会が実際にどういうことをやっているかというのは知られていません。私みたいに個別案件の手続に実際に関与して証拠も見た者でないと、なかなか実態はわからないでしょう。どれぐらい弱い証拠で課徴金を命じているかが外部に分からないから、なかなか学問的にも分析が難しいのです。立証責任を低目に捉えて、刑事事件では検察が取り上げないようなものを行政手続で摘発して、裁判所がそこをちゃんと見てくれて、適切な事実認定・評価により課徴金納付命令の取り消しが起きているのです。

金商法に基づく課徴金実務は実際にはブラックボックスになっているように思えます。この場を借りて、金融庁さんには課徴金手続を見直してくださいと申し上げたいです。監視委員会の活動をよく監視する必要があると思います。もちろん私自身は、最初に言いましたように課徴金納付命令の取消訴訟の原告代理人をしており、必ずしも公正中立とは言えない立場にありますが、そうした立場を承知の上で申し上げています。

神作会長　ただいまの松尾（直）委員のご発言について、ご発言ございますか。特によろしゅうございますか。

松尾（直）委員　不公正取引に係る金融庁長官の課徴金納付命令は、市場課が事務をして決裁をとっています。市場課は実体判断を何もしていません。審判官の決定を丸のみしています。金融庁長官は自分自身で判断していないのに責任をとる形になってしまっています。

宮下委員　今の松尾先生のご発言に関連して、私も実務家として少し思うところがあるのでコメントさせていただきます。審判手続が設けられたのは、課徴金制度が新たに導入された際に、課徴金制度の迅速な運営を実現しつつ、新たな行政処分である課徴金を課すにあたって慎重な判断をするためということであったと理解しております。通常は、行政処分の場合は事前手続として告知・聴聞が行われるのですけれども、それよりも審判手続のほうが、疑似的な二当事者対立構造になっていて、公正な判断ができるだろうと。加えて、審判手続を行うことによって、訴訟に至らずに迅速に決着がつくだろうということも期待されていたと思います。

ただ、実際は、審判手続があっても、審判の結果に納得がいかない人は、行政処分の取消しの訴訟を提起することになります。そうすると、審判で割と訴訟と似たような手続があった後に、さらに行政訴訟の取消訴訟が三審制であって、実質的に四審制のようになってしまうのではないかということがあります。

かつ、審判手続自体もそれほど迅速かというと、２～３年前に少し調べたことがあるのですけれども、当時は半年から長いもので１年くらいかかっていたと思います。１年ということになると、訴訟の一審と近いぐらいの期間とも言えるかもしれません。このような実態があることを考えると、もともと審判手続が導入された経緯・理念自体は非常に説得力があると思うのですけれども、平成16年改正で制度が導入されてからかなり期間がたっていると思いますので、その後の実際の運用に照らして、見直すべきところがあれば見直していくことは、1つ考えてもいいのかなと個人的には思っております。

加藤委員　2点、高速取引行為者の業規制に関して質問があります。金商業等府令の337条の1号に法人関係情報に関する規定がありますが、「監督指針」も合わせて読みますと、高速取引行為者は法人関係情報を利用して取引をしてはならないということになっているようですけれども、まず、そのような理解で正しいのかというのが1つ目の質問です。

仮にそのような理解が正しいとした場合、規制の趣旨は高速取引行為者に不公正取引をしないための体制を整えることを求めることにあると思うのですけれども、なぜ金商法166条や167条で禁止されている内部者取引規制ではなくて、法人関係情報の取り扱いに関する規制が採用されたのかというのが2つ目の質問です。言い方を変えると、この点について高速取引行為者に金融商品取引業者と同じような情報管理を求めた理由について、お考えを伺えればと思います。

小森報告者　ご認識のとおり、高速取引行為者は、その取り扱う法人関係情報（金商業等府令第1条第4項第14号）に関する管理について法人関係情報に係る不公正な取引の防止を図るために必要かつ適切な措置を講じていないと認められる状況に該当することのないように、その業務を行わなければならないとされています。

ご承知のとおり、金商法166条や167条で内部者取引が禁止されているほか、金商法159条で相場操縦行為が禁止されています。高速取引行為が市場に及ぼす影響等を踏まえ、こうした不公正取引の禁止の趣旨の徹底や未然防止を図る観点から、金商業等府令337条1号及び2号は、金商業者に求められている不公正取引の防止のための体制整備に関する規定（金商業等府令123条5号及び12号）と同様の規定を設けたものです。

増井理事長　私がしゃしゃり出るようなところではないと思うのですが、先ほど来出ていた審判制度は、たしかそのときの三井君の上司は私だったと思います。その制度は何となく覚えているのですけれども、彼は初めはそういうことを考えていなかったのです。たしか法制局か何かに指摘されて、慌てて彼が飛び込んできて、これは作らなければいけませんというので慌てて作った。もちろん、そのときには課徴金制度がまだできていないわけですから、どういうようになるか、正直言ってわからなかったのです。そういう意味で、とりあえず作ってみてから中身をだんだん充実していけばいいだろうということで、一番初めの課徴金がそもそもそうだったのです。それからおかげさまで課徴金も大分充実はしてきましたけれども、まだ十分だとは思っておりません。そういう意味でも、今のご指摘、今はどうなっているかわかりませんけれども、問題があるならそれは変えていったほうがいいと思いますが、松尾先生のようにそれはなくしたほうがいいと、それはそう簡単ではないと私は思います。

神作会長　ほかにいかがでしょうか。よろしゅうございますでしょうか。

たくさんのご意見をいただき、誠にありがとうございました。そろそろ予定の終了時間が近づいてまいりましたので、本日の討議はこのあたりで終わらせていただきたいと思います。小森課長、本日は誠にありがとうございました。

ここで、今後の研究会の運営について申し上げさせていただきます。

次回は、議事次第にもございますように、２月７日午前10時から12時、この建物の５階の日本証券業協会第１会議室で開催させていただきます。弥永会長代理からご報告いただく予定です。先ほどお伺いいたしましたところ、「監査報告書の見直し」というテーマでご報告いただけるとのことです。

また、次々回につきましても、詳細は未定ですけれども、４月に大崎委員からフェア･ディスクロージャー･ルールについてご報告いただく予定となっております。

第２回及び第３回については、このようにすでに報告者およびテーマが決まっておりますけれども、その後のご報告につきましては、事務局より委員の皆様方にご報告を希望されるテーマと時期についてアンケートを実施させていただき、その結果を集計整理して決めさせていただきたいと考えております。委員の皆様におかれましては、このアンケートへのご協力をよろしくお願いいたします。

何かご質問等ございますか。よろしゅうございますでしょうか。

それでは、本日の研究会はこれで閉会とさせていただきます。どうもありがとうございました。

資　料

最近の金融商品取引法の改正について

平成29年12月26日（火）

金融庁総務企画局市場課長　小森　卓郎

―目次―

ー目次ー

平成26年　5月23日成立
5月30日公布

金融商品取引法等の一部を改正する法律の概要

家計の金融資産を成長マネーに振り向けるための施策をはじめとする
『日本の金融・資本市場の総合的な魅力の向上策』を整備
→ 成長戦略を金融面から加速・強化

市場の活性化
（新規・成長企業へのリスクマネー供給促進等）

投資型クラウドファンディング（注）の利用促進

◆ 少額（募集総額１億円未満、一人当たり投資額50万円以下）の投資型クラウドファンディングを取り扱う金商業者の参入要件を緩和

◆ インターネットを通じた投資勧誘において詐欺的行為等が行われることを排除するための行為規制を導入 等

（注）新規・成長企業等と投資者をインターネット上で結び付け、多数の者から少額ずつ資金を集める仕組み。

新たな非上場株式の取引制度

◆ 非上場株式の取引・換金ニーズに応える新たな取引制度を設けるに当たり、限定された投資家間での流通に留めることから、現行のグリーンシート銘柄制度（注）とは異なり、通常の非上場株式と同様の規制を適用

(注)現行の非上場株式の取引制度。上場株式に近い規制を適用。

金商業者の事業年度規制の見直し

◆ 「４月１日から３月31日まで」に限定されている現行の事業年度について、金商業者ごとに異なる設定をすることを許容

（注）この措置により、会計年度の異なる外国金融機関等の負担が軽減されるため、我が国への参入の促進が期待される。

市場の活性化
（新規上場の促進や資金調達の円滑化等）

新規上場に伴う負担の軽減

◆ 新規上場後一定期間に限り、「内部統制報告書」に対する公認会計士監査の免除を選択可能

（注）特に企業規模が大きく、社会・経済的影響力の大きな新規上場企業は対象外。

上場企業の資金調達の円滑化等

◆ 上場企業が自社株を取得・処分する場合には、「大量保有報告書」の提出を不要（大量保有報告制度の対象となる株式から自社株を除外）

◆ 虚偽の開示を行った上場企業が流通市場の投資家に負う損害賠償責任を見直し（「無過失責任」から「過失責任」への変更等）　等

（注）上場企業が免責されるためには、企業側が「無過失」を立証した場合に限る仕組みとすることにより、投資者保護にも配慮。

市場の信頼性確保

ファンド販売業者に対する規制の見直し

◆ 第二種金商業者が、ファンドに出資された金銭が目的外に流用されていることを知りながら、その募集の取扱いを行うこと等を禁止

◆ 第二種金商業者について、国内拠点の設置等を義務付け　等

金融指標に係る規制の導入

◆ 特定の金融指標の算出者に対して規制を導入 等

電子化された株券等の没収手続の整備

◆ 不公正取引等により取得した財産の没収手続について、没収の対象が電子化された株券その他の無体財産である場合の規定を整備

1

投資型クラウドファンディングの利用促進（第29条の4、第29条の4の2、第35条の3、第43条の5関係）

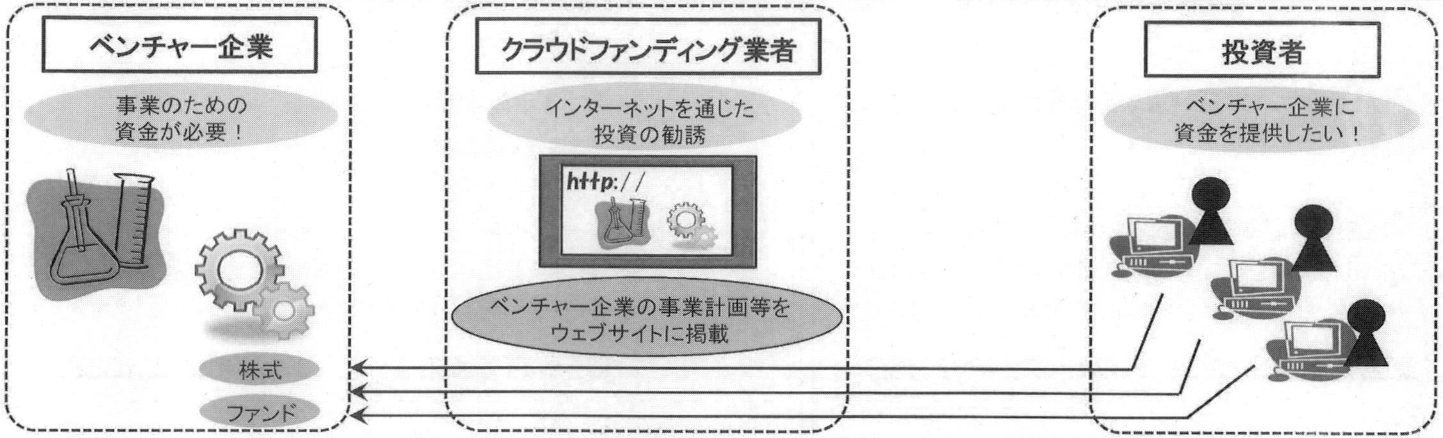

《現状》

- 有価証券を勧誘するためには、「金融商品取引業者」としての登録が必要。
  （「株式」の勧誘：第一種金融商品取引業者　　〜兼業規制あり、最低資本金5,000万円）
  （「ファンド」の勧誘：第二種金融商品取引業者　〜兼業規制なし、最低資本金1,000万円）
- 非上場株式の勧誘は、日本証券業協会の自主規制で原則禁止。

《改正後》

参入要件の緩和等	・少額(注1)のもののみを扱う業者について、兼業規制等を課さないこととするとともに、登録に必要な最低資本金基準(注2)を引下げ。（第29条の4の2、政令） ・非上場株式の勧誘を、少額(注1)のクラウドファンディングに限って解禁。（自主規制規則）
投資者保護のためのルールの整備	・詐欺的な行為に悪用されることが無いよう、クラウドファンディング業者に対して、「ネットを通じた適切な情報提供」や「ベンチャー企業の事業内容のチェック」を義務付け。 （第29条の4　登録の拒否、第35条の3　業務管理体制の整備、第43条の5）

（注1）発行総額1億円未満、一人当たり投資額50万円以下
（注2）第一種金融商品取引業者：（現行）5,000万円 ⇒ 1,000万円。第二種金融商品取引業者：（現行）1,000万円 ⇒ 500万円。

2

新たな非上場株式の取引制度（第67条の18関係）

非上場企業（地域に根差した企業や新興企業など）の株式 ： 取引・換金ニーズが存在。

現行制度

（日本証券業協会の自主規制に基づく）

【一般の非上場株式の場合】

証券会社

- **投資勧誘は原則禁止**。
- 一方で、非上場株式は、流通性が乏しいことも踏まえ、
  - インサイダー取引規制
  - 開示義務

  の**適用対象外**。

【グリーンシート銘柄の場合】

証券会社

- **投資勧誘が可能**。
- 一方で、グリーンシート銘柄は、高い流通性に鑑み、
  - インサイダー取引規制
  - 開示義務（自主規制）

  の**適用対象**。

⇒ **非上場企業にとって大きな負担**。

⇩

グリーンシート銘柄制度の利用は**低迷**。

新制度

（日本証券業協会の自主規制に基づく）

証券会社

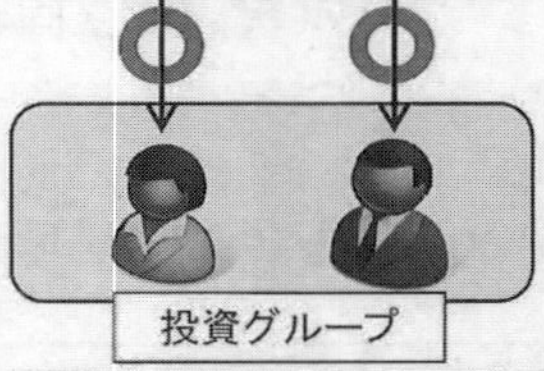

・証券会社は、「投資グループ」を組成

（注）投資グループのメンバーとして想定される者

- ✓ 当該企業の役員・従業員
- ✓ 当該企業の株主・取引先
- ✓ 当該企業から財・サービスの提供を受けている者　等

- **「投資グループ」のメンバーに限って、投資勧誘が可能**。
- 一方で、新制度の対象銘柄は、高い流通性を持たないため、一般の非上場株式に準じた規制内容に。
  - インサイダー取引規制は**適用対象外《改正後》**。（第67条の18）
  - 開示の負担も**軽減**（自主規制）

⇒ **非上場企業の負担を大幅に軽減**。

⇩

非上場株式の取引・換金ニーズに応えられるような制度となることを期待。

3

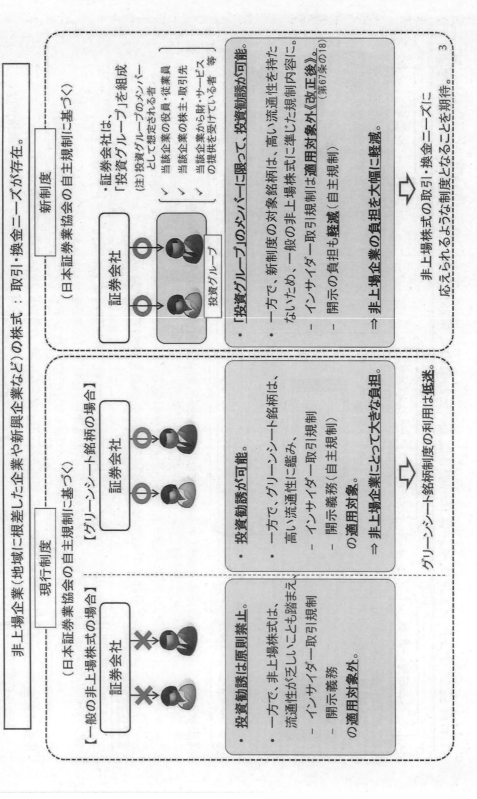

金商業者の事業年度規制の見直し（第46条関係）

背景

- 現在、証券会社について「統一的な監督」を行う必要から、事業年度（3月期決算）を法定（第46条　事業年度）。
- このため、例えば12月決算を行っている外国証券会社が、日本に現地法人・支店を設立して業務を行う場合、本国と日本それぞれにおいて時期を異にする決算書類や当局提出書類を作成する必要があり、過重な事務負担が存在。
- こうした中、四半期決算の導入等により、統一的な法定の事業年度を設ける監督上の必要性は減少。

事業年度規制の現状と改正後

	《現状》	《改正後》
第一種金商業者	規制あり （3月期決算（4月～翌3月））	規制なし
第二種金商業者	規制なし	
投資運用業者		
投資助言・代理業者		

新規上場に伴う負担の軽減（第193条の2第2項関係）

- 新規上場を躊躇させる要因の一つとして、「内部統制報告書」に係る負担が重いとの指摘。
- 一方で、新規上場企業は、上場前に、金融商品取引所から厳格な上場審査を受けている。

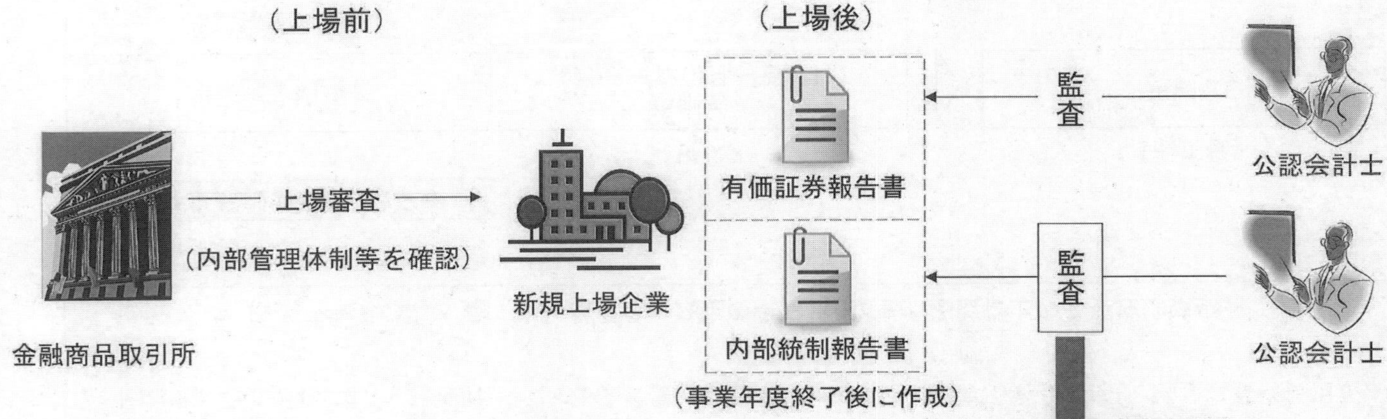

《改正後》

「内部統制報告書」
については、
上場後３年間は
監査免除を選択可能※
（第193条の2第2項）

※　ただし、社会・経済的影響力の大きな新規上場企業（資本金100億円以上又は負債総額1,000億円以上を想定）は免除の対象外。

5

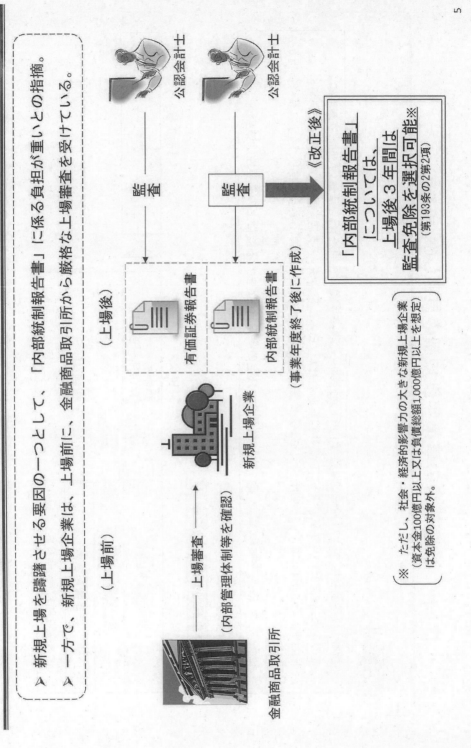

大量保有報告制度における自己株式の取扱いの見直し（第27条の23第4項関係）

《現状》

○ 上場企業の株式の大量保有者は、

・**「株券等保有割合」**が5％超となった日から、5営業日以内に「大量保有報告書」を提出しなければならないこととされている（大量保有報告制度）。

> ➢ 当該制度の目的は、大量の株券の保有状況が、投資者にとって重要な情報であることから、それを開示すること。
>
> ➢ 一方で、「自己株式」については、当該上場企業は議決権を有しないため、「大量保有報告書」を提出させる必要性は、通常の株式に比べ限定的。

《改正後》

○ **大量保有報告制度の適用対象から「自己株式」を除外。**（第27条の23第4項　大量保有報告書の提出）

流通市場における虚偽開示書類を提出した会社の損害賠償責任（第21条の2関係）

○ 企業が虚偽の開示書類を提出した場合の責任 （第21条の2 虚偽記載等のある書類の提出者の賠償責任）

	発行市場	流通市場
責　任	無過失責任	**無過失責任　⇒　過失責任へ《改正後》** （ただし、提出会社側に無過失の挙証責任を負わせる）

⇒ 以下の理由から、今回、**「流通市場」における提出会社の「無過失責任」を「過失責任」に見直し**。

✓ そもそも損害賠償責任は、「過失責任」が原則。

✓ 「発行市場」では、提出会社は投資者から払込みを受けており、無過失であっても返還させるのが公平。
一方で、「流通市場」では、提出会社に利得がないため、返還の原資は、結局は他の株主等が負担。

✓ 近年、課徴金制度の進展や内部統制報告書制度の導入等、違法行為抑止のための他の制度が充実。

⇒ 併せて、損害賠償を請求できる者についても、以下のとおり改正。

≪現状≫　取得者　⇒　≪改正後≫　取得者＋処分者（他の主要国も同様の制度）

（注）虚偽記載により損害を被る者は「取得者」だけでなく、場合によっては「処分者」もありうるため。

7

ファンド販売業者に対する規制の見直し（第40条の3の2、第29条の4関係）

ファンド販売業者における問題事案の発生を踏まえ、市場の信頼性を確保する観点から、下記のとおり、ファンド販売業者について、行為規制の強化等を実施。

ファンド販売に関する規定の整備

○ ファンド販売業者は、「ファンド規約」において分別管理が確保されていないファンドへの投資の勧誘を行うことが禁止されている。

一方で、分別管理の「規約」自体は存在したものの、実際には分別管理をせず、資金を流用する事案が発生。

《改正後》

○ 左記に加え、ファンド販売業者が、ファンドに出資された金銭が目的外に流用されていることを知りながら、その募集の取扱いを行うこと等を禁止事項に追加。
（第40条の3の2　金銭の流用が行われている場合の募集等の禁止）

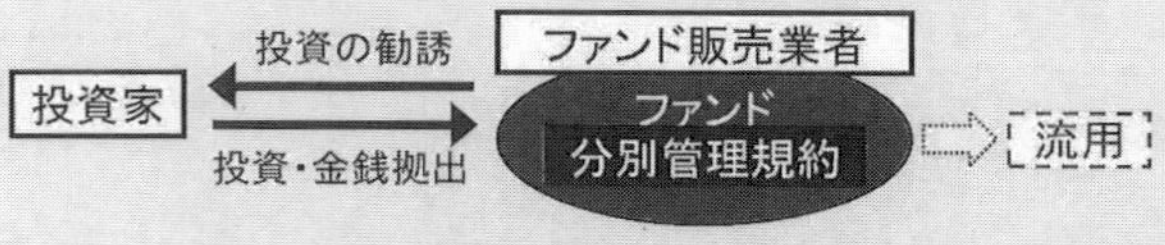

国内拠点設置等の義務付け

○ 海外取引が絡む不正な事案が発生した場合、国内拠点がないと、被害の把握等に大きな支障。

《改正後》

○ ファンド販売業者について、証券会社と同様に、「国内拠点」及び「国内における代表者」の設置を義務付け。
（第29条の4　登録の拒否）
※投資運用業者についても、同様の取扱いとする。

協会（自主規制団体）への加入促進

○ 協会へ加入していないファンド販売業者には、協会規則（自主規制ルール）が適用されない。

《改正後》

○ 協会へ加入していないファンド販売業者について、協会規則に準ずる内容の社内規則の整備と当該社内規則を遵守するための体制整備を義務付け、協会への加入促進を図る。

○ 上記義務付けは、登録拒否要件に盛り込み、登録当初から当該社内規則の適用を確保する。（第29条の4 登録の拒否）

※ 証券会社、投資運用業者についても、同様の取扱いとする。

8

金融指標に係る規制の導入（第2条第40項、第38条、第5章の7関係）

特定金融指標算出者に対する規制（第５章の７　特定金融指標算出者）

規制の目的

金融取引の基礎として広範に利用されている特定の金融指標（※）について、その信頼性を確保すること

（※「特定金融指標」（第2条　定義）：公的機関が政策目的で算出する金融指標は対象外）

規制の概要

【規制の枠組み】（第156条の85　特定金融指標算出者の指定）

特定金融指標の算出者を「指定」（規制対象として、当面は「TIBOR」（東京銀行間取引金利）（注）の算出者を想定）

（注）東京の短期金融市場において銀行間で行われる資金取引の市場実勢を示す指標金利。融資やデリバティブ取引等の基準金利として広く使われている。

【業務規程の作成・遵守】（第156条の87　業務規程）

指定を受けた算出者（※）に対し、IOSCOの「金融指標に関する原則」に沿った記載事項を内容とする「業務規程」の作成・遵守等を義務付け（※「特定金融指標算出者」）

【検査・監督の枠組み】（第156条の89　報告の徴取及び検査、第156条の90　改善命令等）

報告徴取・立入検査等の検査・監督の枠組みを整備

整合性

IOSCO（証券監督者国際機構）「金融指標に関する原則」

1. 算出者のガバナンス
   - ・算出プロセスに対する第一義的責任
   - ・利益相反の特定・開示・管理・回避
2. 指標の品質
   - ・指標の元データの使用順序、専門家の判断に関する指針の作成・公表
3. 指標の算定手法の品質
   - ・指標算出方針の公表
   - ・呈示者の行動規範の策定・公表
4. 算出者の説明責任
   - ・独立した内部又は外部監査人の任命
   - ・記録保持、当局に対する文書の提出　等

呈示者に対する規律

1. **特定金融指標算出者と呈示者との間で「行動規範」を締結させ、特定金融指標算出者を通じて間接的に規律付け**

   ※「業務規程」の中に、「行動規範」に関する事項を記載（第156条の87）

2. **金融商品取引業者等である呈示者に対し、データの不正呈示を禁止**（第38条　禁止行為）

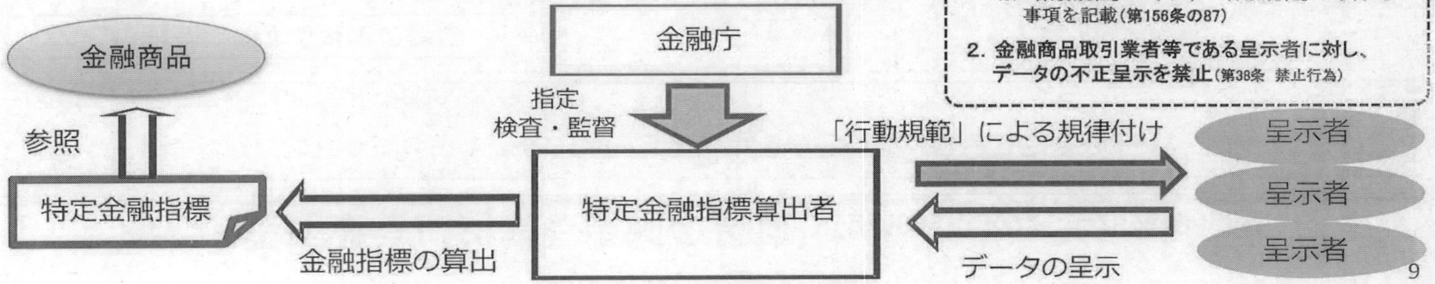

9

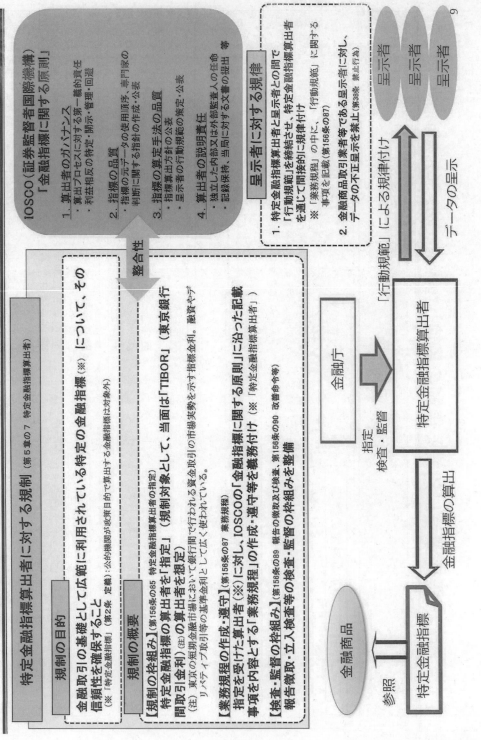

電子化された株券等の没収手続の整備（第209条の2～第209条の7関係）

《現状》

金商法上、犯人が犯罪行為により得た財産等は没収の対象。

【対象となる犯罪】　不公正取引（インサイダー取引等）、損失補てん

【対象となる財産】　有体物、**無体財産（金銭債権等）**

- 「有体物」については、刑事訴訟法の規定により没収可能。
- 一方で、**「無体財産」については、没収に係る手続規定がないため、没収不可**。
  - 「社債、株式等の振替に関する法律」（平成16年成立）により、従来有体物として没収可能であった株券等が電子化（＝無体財産）されたため、問題点がさらに拡大。

更に、・・・

東京地裁判決（平成25年11月22日）において、「犯人がインサイダー取引により取得した電子化された株券を没収することができず、追徴を科しても犯人の手元に値上がり分の利益が残ってしまう」という問題点が指摘された。

《改正の内容》（第209条の2～第209条の7）

電子化された株券等、「無体財産」の没収に係る手続規定を整備

（第209条の５　没収された債権等の処分等）

10

その他の改正事項

- **訂正発行登録書の提出に係る見直し**

　「発行登録書」を提出している企業が「有価証券報告書等」を提出した場合には、その都度、「訂正発行登録書」の提出を求めているが、「有価証券報告書等」は定期的に提出されるものであるため、EDINETを通じて投資者が容易に知ることが可能。

⇒　上記のような場合には、「訂正発行登録書」の提出を要しないこととする。（第23条の4　訂正発行登録書の提出）

- **大量保有報告制度の見直し**

　大量保有報告書の提出者の負担軽減を図るため、以下の措置を講ずる。

➢ 変更報告書の同時提出義務を廃止する。（第27条の25第3項　大量保有報告書に係る変更報告書の提出）

➢ 短期大量譲渡報告における記載事項から、僅少な株券等の譲渡先に関する事項を除外する。（第27条の25第2項　大量保有報告書に係る変更報告書の提出）

➢ 訂正報告書の公衆縦覧期間の末日を、訂正の基礎である大量保有報告書等の公衆縦覧期間の末日と同一にする。（第27条の28　大量保有報告書等の公衆縦覧）

➢ 大量保有報告書等の写しを発行企業に対して送付する義務を免除する（公衆の縦覧に供されるEDINETを通じて提出されたことが条件）。（第27条の30の6　金融商品取引所等に対する書類の写しの提出等に代わる通知）

- **金融商品取引業者等の登録拒否事由の追加**

　金融商品取引業者等の登録拒否事由として、「登録取消処分前に廃止等の届出をした者について、当該届出の日から5年を経過しないこと」を追加する。（第29条の4　登録の拒否）

- **金融商品取引所の業務の追加**

　金融取引の実態を効率的・効果的に把握するため、金融取引主体に世界共通の方式で付番する国際的な取組が進展。

⇒　諸外国では取引所が付番業務を行っている実例があることを踏まえ、金融商品取引所の業務範囲の一つとして、「付番業務」を追加する。（第87条の2　業務の範囲）

－目次－

プロ向けファンドに関連する問題

○ プロ向けファンドに関しては、その販売等を行う業者が、

① 他の金融商品取引業者と異なり行為規制が緩く、また、行政処分（業務改善・停止命令、登録取消）の対象となっていないこと、

② 49名以内であれば投資の素人にも販売が可能なこと、

を悪用し投資家に被害を与えるケースがあり、国民生活センターへの相談件数は増加傾向にある。

● 「プロ向けファンド」届出業者に関する相談件数

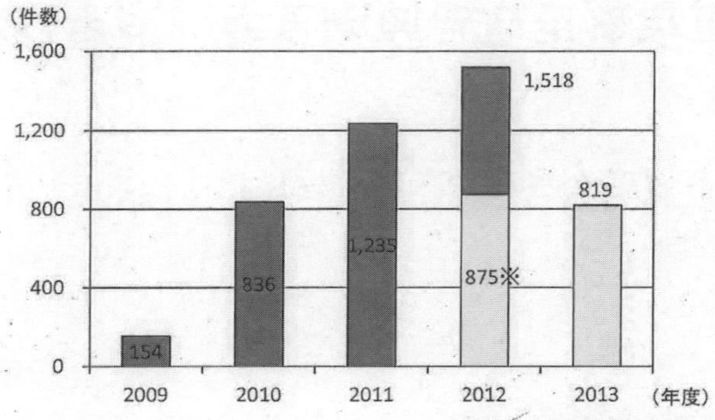

※13年度と同期間（4～11月）の件数

● プロ向けファンドに関する主な相談内容別件数

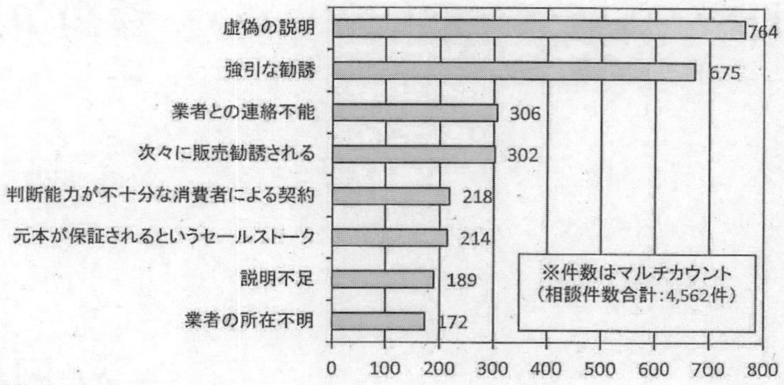

（出典）国民生活センター「投資経験の乏しい者に『プロ向けファンド』を販売する業者にご注意！ー高齢者を中心にトラブルが増加、劇場型勧誘も見られるー」（2013年12月19日公表）

12

平成27年度　金融商品取引法の一部を改正する法律案の概要①

○ ファンドへの信頼を確保し、成長資金を円滑に供給していくためにも、投資者被害を適切に防止していくことが必要。このため、出資者の範囲の見直しにとどまらず、総合的な対応を行っていくことが求められ、以下のような措置を講ずる。

1. 適格機関投資家等特例業務の届出者の要件

- ➢ 欠格事由（業務廃止命令を受けてから5年間、刑事罰に処せられてから5年間等）の導入【第63条第7項】
- ➢ 届出書の記載事項の拡充・公表【第63条第2項～第6項】

2. 適格機関投資家の位置付け

- ➢ 実態を伴わない適格機関投資家排除のため、適格機関投資家の範囲や要件を設定【第63条第1項】

（適格機関投資家となる投資事業有限責任組合について、運用資産残高（借入を除く）５億円以上とすることを内閣府令で規定することを想定）

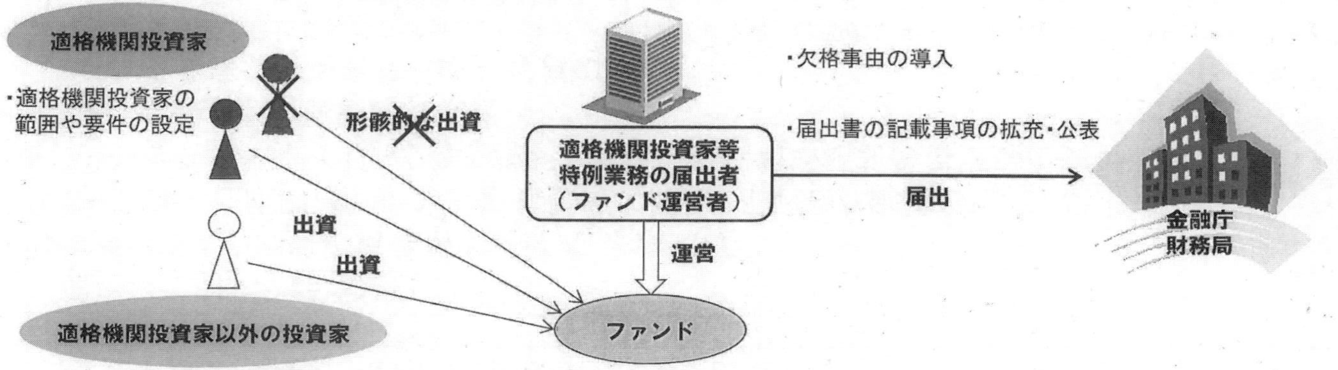

（注）【　】内の数字は該当条文及び条文が記された法律案新旧対照条文のページを示す。

13

平成27年度　金融商品取引法の一部を改正する法律案の概要②

3．届出者に対する行為規制

- ➢ 登録業者と同等の行為規制を導入【第63条第11項】
  - ― 適合性原則（顧客の知識・経験等に照らし不適当な勧誘の禁止）
  - ― 契約の概要やリスク等を説明するための契約締結前の書面等の交付義務
  - ― 忠実義務、善管注意義務
  - ― 投資家利益を害する取引行為の禁止　　等

（※）プロ間の自由な取引を阻害しない観点から、特定投資家との間の取引については、契約締結前の書面等の交付義務、適合性原則等は適用しない。

- ➢ 事業報告書の作成・当局への提出、帳簿書類の作成・保存 等【第63条の4】

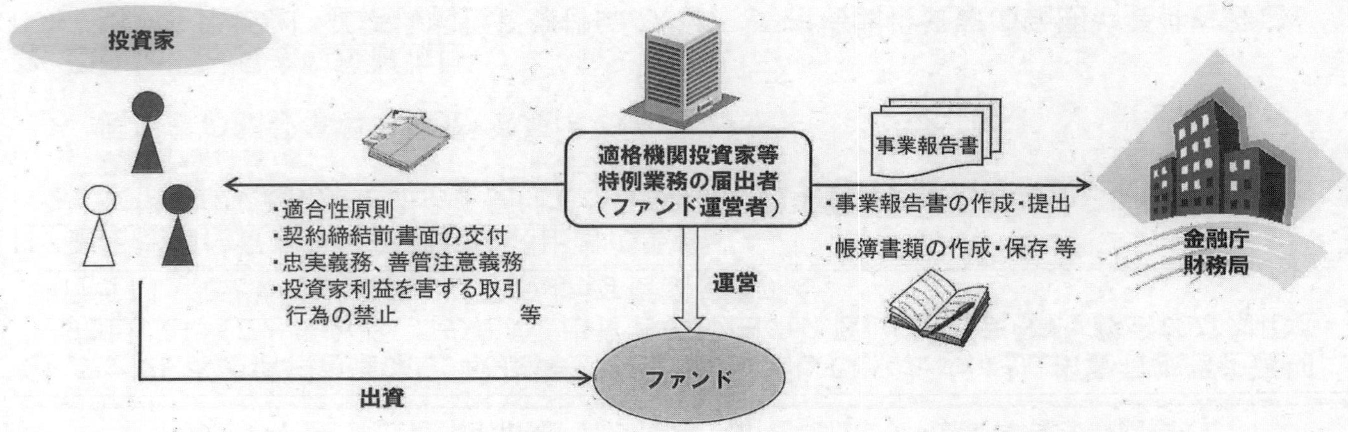

平成27年度　金融商品取引法の一部を改正する法律案の概要③

4. 問題のある届出者への対応

- 監督上の処分（業務改善・停止・廃止命令）の導入【第63条の5】
- 実態把握・投資家保護の観点から、報告徴求・検査を行うことができることを明確化【第63条の6】
- 裁判所による禁止・停止命令の対象を、法律・命令違反となる場合のほか、業務執行が著しく適正を欠き、投資者の損害拡大を防止する緊急の必要がある場合にも拡大【第192条】
- 無届出・虚偽届出に係る罰則の引上げ（懲役１年以下→５年以下）、業務停止・廃止命令違反等に係る罰則の新設（懲役２・５年以下）【第197条の2、第198条の5】

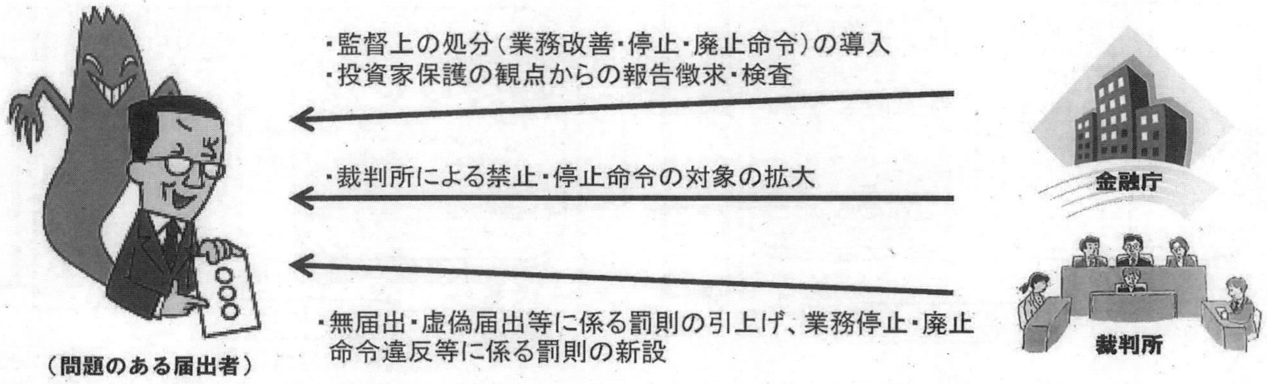

・監督上の処分（業務改善・停止・廃止命令）の導入
・投資家保護の観点からの報告徴求・検査
・裁判所による禁止・停止命令の対象の拡大
・無届出・虚偽届出等に係る罰則の引上げ、業務停止・廃止命令違反等に係る罰則の新設
ＯＯＯ
（問題のある届出者）
金融庁
裁判所

15

平成27年度　金融商品取引法の一部を改正する法律案の概要④

○ 「プロ向けファンド」の出資者の範囲

現行

プロ向けファンド

※届出制（一般のファンドについては登録制）

- 適格機関投資家
  - 〔金融機関等〕
  - 【1名以上】
- ＋ 適格機関投資家以外
  - 〔属性に制限なし 一般個人も可〕
  - 【49名以内】

26年5月のパブリックコメント時の見直し案

プロ向けファンド

- 適格機関投資家
  - 〔金融機関等〕
  - 【1名以上】
- ＋ 適格機関投資家以外
  - ・上場会社
  - ・資本金5千万円超の株式会社
  - ・上場会社等の子会社・関連会社
  - ・年金基金※1
  - ・富裕層個人※2
  - ・資産管理会社
  - ・ファンド運用者の役職員等
  - 〔一般個人は不可〕
  - 【49名以内】

※1 投資性金融資産を100億円以上保有する厚生年金基金・企業年金基金
※2 投資性金融資産を1億円以上保有する個人投資家

➤ 出資者の範囲を投資判断能力を有する一定の投資家及び特例業者と密接に関連する者に限定（政令で規定）

今回の見直し案

プロ向けファンド

- 適格機関投資家
  - 〔金融機関等〕
  - ※ 形骸的なプロを排除
  - 【1名以上】
- ＋ 適格機関投資家以外
  - （5月の見直し案に加えて、）
  - ・国、地方公共団体等
  - ・純資産又は資本金5千万円以上の法人
  - ・ファンド運用者の子会社等
  - ・ファンド運用者の親会社・子会社等の役職員等
  - 〔一般個人は不可〕
  - 【49名以内】

➤ ガバナンスの確保、公認会計士による会計監査の実施など、相応の体制が整備されることを前提に、ベンチャー・ファンドについては、以下のような者の出資も可
- 上場会社等の役員・元役員
- 弁護士、会計士、税理士
- 新規事業の立上げ等の業務に直接携わった経験があり、専門的な知識や能力を有する者　等

16

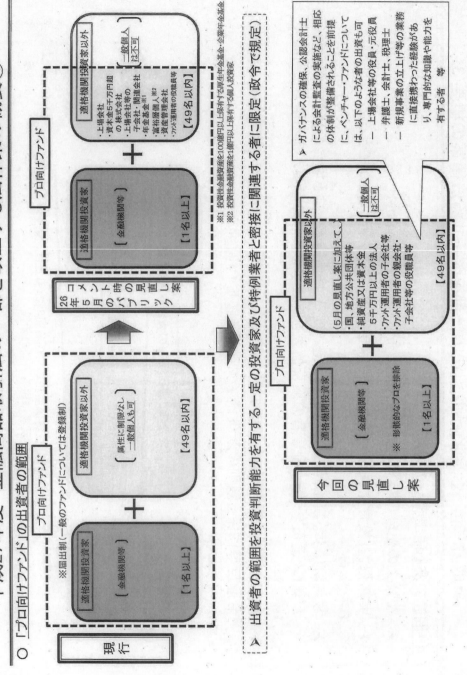

平成27年金融商品取引法改正に係る政令・内閣府令案の概要

金融商品取引法の一部を改正する法律
（平成27年5月27日成立・6月3日公布）

プロ向けファンドの届出者の要件

○ 欠格事由（業務廃止命令を受けてから5年間、刑事罰に処せられてから5年間等）の導入

○ 届出書の記載事項の拡充・公表

適格機関投資家の位置付け

○ 実態を伴わない適格機関投資家排除のため、適格機関投資家の範囲や要件を設定

届出者に対する行為規制

○ 適合性の原則、リスク等の説明義務等の導入

○ 事業報告書の作成・提出、帳簿書類の作成等

問題のある業者への対応

○ 監督上の処分（業務改善命令等）の導入

○ 無届出・虚偽届出に係る罰則の引上げ（懲役1年以下→5年以下）等

政令・内閣府令案のポイント

○ 当局によるファンドの実態のより適切な把握のため、以下の届出を義務付け

➢ ファンドの投資内容・勧誘対象

➢ ファンドに出資する全ての適格機関投資家（いわゆるプロ）の名称

➢ 役員等の履歴書、欠格事由に該当しないことの確認書面

➢ 適格機関投資家が投資事業有限責任組合のみである場合、運用資産残高を証する書面　等

○ 投資家等がファンドの実態を確認できるようにするため、以下の公表を義務付け

➢ 代表者の氏名、主たる営業所・事務所の住所、電話番号、HPアドレス

➢ ファンドの事業内容、適格機関投資家の数　等

○ 実態を伴わない適格機関投資家として特に問題が多く認められる投資事業有限責任組合の排除等のため、以下の場合はプロ向けファンドとして認めない（=要登録）

➢ 適格機関投資家が投資事業有限責任組合のみであって、5億円以上の運用資産残高（借入れを除く）を有しない場合

➢ プロ向けファンドの届出者と密接に関連する者等からの出資割合が過半の場合

○ 作成すべき帳簿書類として、顧客勘定元帳、運用明細書等を規定

○ 提出すべき事業報告書の内容として、ファンドの詳細情報（資産構成等）を規定

○ 公表すべき説明書類の内容として、出資金払込口座の所在地や資金の流れ等を規定

《ファンド出資者の範囲》

○ プロ向けファンドに出資できる者の範囲を、以下の者に限定

➢ 上場会社、資本金又は純資産5千万円以上の法人

➢ 証券等口座開設後1年以上経過し、投資性資産を1億円以上保有する個人

➢ 特例業務届出者の親会社等、子会社等、これらの役職員　等

○ ベンチャー・ファンドに係る出資者の範囲については、上記のほか、上場会社の役員、会社の財務等に1年以上直接携わった役職員等を特例的に追加

← 特例適用の条件として、ファンドのガバナンスの確保、決算情報の開示、監査の実施、公認会計士名の公表等、相応の体制整備がなされていることを規定

17

投資運用に係る制度の全体像

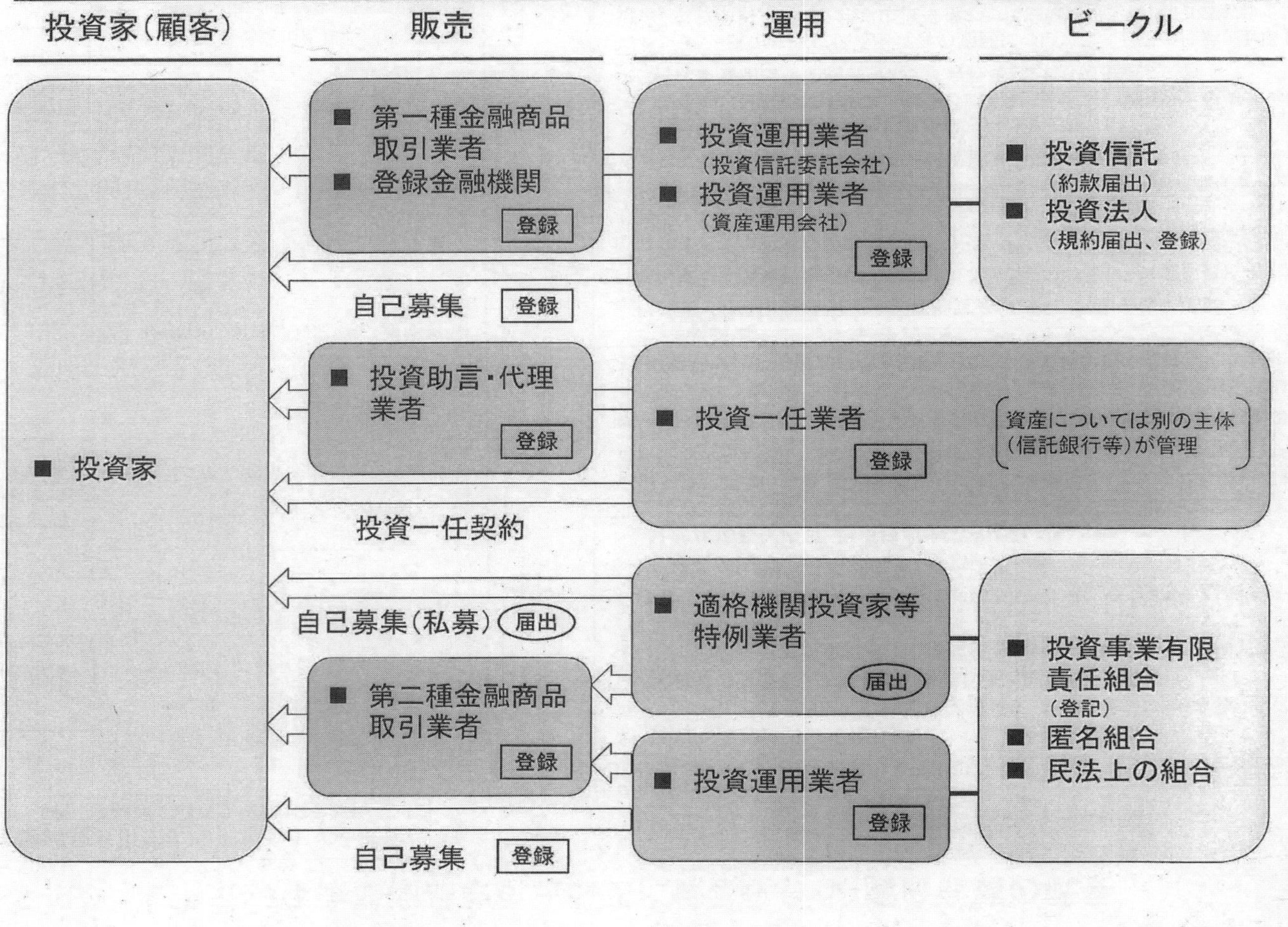

金融商品取引法上の業規制・行為規制（運用関係）

- ○ 投資運用業は、原則として、当局へ「登録」を行うことにより可能となる。
- ○ 「プロ向け投資運用業」においては、出資者を「適格投資家」に限定し、運用財産総額200億円以下とすることで、より緩和された登録要件の下で業務を行うことが可能。
- ○ 一方、1名以上の「適格機関投資家（いわゆるプロ）」及び49名以内の「適格機関投資家以外の投資家（一般投資家（アマ）も含まれる）」により構成される「適格機関投資家等特例業務」（いわゆる「プロ向けファンド」）については、当局への「届出」のみで行うことが可能。
- ○ プロ向けファンドは、組合契約等に基づいて出資を募った金銭等を主として株式等の有価証券やデリバティブへの投資により運用する業務を行うことができるが、忠実義務や分別管理義務などの行為規制は課せられていない。また、登録制でないこともあり、業務改善命令や登録取消などの行政処分の対象となっていない。

		投資運用業 （投信会社等）	プロ向け投資運用業	適格機関投資家等特例業務 （プロ向けファンド運用）	投資助言・代理業 （投資顧問会社）
出資者の範囲		制限なし	適格投資家	1名以上の適格機関投資家 49名以内の一般投資家	—
業規制		登録制	登録制	届出制	登録制
		拒否要件 （登録取消後5年間、刑事罰後5年間、人的構成の不備等）	拒否要件 （登録取消後5年間、刑事罰後5年間、人的構成の不備等）	—	拒否要件 （登録取消後5年間、刑事罰後5年間、人的構成の不備等）
		最低資本金5,000万円	最低資本金1,000万円 （運用財産総額200億円以下）	—	営業保証金500万円の供託義務
		兼業規制	兼業規制	—	—
行為規制		忠実義務	忠実義務	—	忠実義務
		善管注意義務	善管注意義務	—	善管注意義務
		分別管理義務	分別管理義務	—	—
		虚偽説明、損失補塡、利益相反行為等を禁止	虚偽説明、損失補塡、利益相反行為等を禁止	虚偽説明、損失補塡のみを禁止	虚偽説明、損失補塡、利益相反行為等を禁止
		運用報告書の交付義務	運用報告書の交付義務	—	—
行政処分		業務改善命令、業務停止命令、登録取消	業務改善命令、業務停止命令、登録取消	—	業務改善命令、業務停止命令、登録取消

投資運用に関連する制度改正経緯

投資一任業務・投資助言業務

□ 悪質業者による投資家被害が発生
（主な被害類型）
不当勧誘、架空の情報による推奨、証券横領、解約要求の拒絶等

1986年「有価証券に係る投資顧問業の規制等に関する法律（投資顧問業法）」制定
（投資一任業務）
✓ 認可制（投資助言業務の登録が前提）
✓ 最低資本金：1億円
（投資助言業務）
✓ 登録制
✓ 営業保証金供託

2004年「投資顧問業法」改正
（投資一任業務）
✓ 最低資本金：1億円から5,000万円に引下げ

投資信託委託業

1951年「証券投資信託法」制定
✓ 登録制
✓ 最低資本金：5,000万円

1953年「証券投資信託法」改正
✓ 登録制を免許制に変更
・ 受益者保護の観点から、不適格な者を排除できるよう変更

1998年「証券投資信託法」改正（金融システム改革法）
✓ 免許制を認可制に変更
・ 競争を促進しつつ投資家保護を担保
✓ 最低資本金：5,000万円から1億円に引上げ
✓ 投資法人（会社型投信）の導入

2000年「（証券）投資信託法」改正
✓ 運用対象の拡大（不動産等）

2004年「投資信託法」改正
✓ 最低資本金：1億円から5,000万円に引下げ

2007年「金融商品取引法」施行（投資顧問業法は廃止、投資信託法は仕組み規制のみ存置）
✓ 投資一任業務及び投資信託委託業は「投資運用業」、投資助言業務は「投資助言・代理業」として、他の業務と共に横断的に整理
✓ いずれも登録制、投資運用業は最低資本金5,000万円、投資助言・代理業は営業保証金500万円、各種行為規制が適用
✓ 適格機関投資家等特例業務を新設し、届出制を導入（最低資本金はなし、行為規制は限定的（虚偽説明及び損失補填の禁止のみ））

2011年「金融商品取引法」改正
✓ 適格投資家向け投資運用業の新設
・ 投資運用ファンドの立上げを促進する観点から、顧客がプロに限定された一定規模（200億円）以下の投資運用業について登録要件を緩和（最低資本金は1,000万円、各種行為規制が適用）

20

金融商品取引法上の業規制・行為規制（販売関係）

○　有価証券の売買やその取次ぎ、募集・私募やその取扱い等は、原則として、当局への「登録」を行うことにより可能となる。

○　一方、「プロ向けファンド」は、当局への「届出」のみで、組合契約等に基づき収益の分配を受ける権利について、一般投資家（アマ）を含めて私募を行うことが可能。また、販売に際しての書面交付義務、説明義務、断定的判断の提供の禁止などの行為規制は課せられておらず、登録制でないこともあり、行政処分の対象となっていない。

	第一種金融商品取引業（証券会社）	第二種金融商品取引業（ファンド販売業者）	電子募集取扱業務（クラウドファンディング）	適格機関投資家等特例業務（プロ＋49人へのファンド販売）
業規制	登録制	登録制	登録制	届出制
	拒否要件（登録取消後5年間、刑事罰後5年間、人的構成の不備等）	拒否要件（登録取消後5年間、刑事罰後5年間、人的構成の不備等）	拒否要件（登録取消後5年間、刑事罰後5年間、人的構成の不備等）	—
	最低資本金5,000万円（業務内容が元引受業務以外の場合）	最低資本金1,000万円	最低資本金 少額一種業：1,000万円 少額二種業：　500万円	—
	兼業規制	—	—	—
行為規制	広告規制	広告規制	広告規制	—
	書面交付義務・説明義務	書面交付義務・説明義務	書面交付義務・説明義務 ウェブサイト上の情報提供義務（重要情報）	—
	虚偽説明・断定的判断の提供、利益相反行為等の禁止	虚偽説明・断定的判断の提供、利益相反行為等の禁止	虚偽説明・断定的判断の提供、利益相反行為等の禁止	虚偽説明のみを禁止
	損失補填の禁止	損失補填の禁止	損失補填の禁止	損失補填の禁止
	適合性の原則	適合性の原則	適合性の原則	—
	不招請勧誘・再勧誘の禁止（店頭デリバティブのみ）	再勧誘の禁止（市場デリバティブのみ）	（電話・訪問販売の禁止（詳細は現在検討中））	—
行政処分	業務改善命令、業務停止命令、登録取消	業務改善命令、業務停止命令、登録取消	業務改善命令、業務停止命令、登録取消	—

有価証券の販売等に関連する最近の制度改正経緯

証券会社	ファンド販売業者
1998年「証券取引法」改正（金融システム改革法） ✓ 免許制を登録制に変更 ✓ 専業義務を撤廃 2004年「証券取引法」改正 ✓ 最低資本金：1億円から5,000万円に引下げ	□ 金融商品取引法の施行以前には行政による横断的な監督はなく、証券取引法や商品ファンド法、信託業法などの個別法により販売業者が監督されており、規制されていない業者も存在 □ このような中、監督されていない詐欺的ファンドによる被害事例が発生

2007年「金融商品取引法」施行

証券会社	ファンド販売業者
✓ 証券会社は、「第一種金融商品取引業」としての登録に移行 ・ 最低資本金：5,000万円 ・ 各種行為規制が適用	✓ 個別法により監督されていないファンド販売業者も含め、横断的な「第二種金融商品取引業」としての登録に移行 ・ 最低資本金：1,000万円 ・ 各種行為規制が適用 ✓ 適格機関投資家等特例業務を新設（届出制） ・ 最低資本金：なし ・ 行為規制は限定的（虚偽説明及び損失補塡の禁止のみ）

2014年「金融商品取引法」改正（現時点で未施行）

証券会社	ファンド販売業者
✓ 第一種少額電子募集取扱業務（株式型クラウドファンディング）を新設（登録制） ・ 最低資本金：1,000万円 ・ 各種行為規制が適用	✓ 第二種少額電子募集取扱業務（ファンド型クラウドファンディング）を新設（登録制） ・ 最低資本金：500万円 ・ 各種行為規制が適用

22

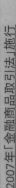

適格機関投資家等特例業務（いわゆる「プロ向けファンド」）

○ 適格機関投資家等（1名以上の適格機関投資家および49名以内の一般投資家（アマ））を対象とするときに限り、当局に届出を行うことにより、当該届出を行った者は、通常、業として登録が必要となる以下の2つの業務を行うことが可能となる。

① 組合型集団投資スキーム持分の私募

② 組合型集団投資スキームの財産を主として有価証券やデリバティブ取引に係る権利に投資することによる投資運用

○ このような業務を「適格機関投資家等特例業務」といい、組成された組合型集団投資スキームは一般的に「プロ向けファンド」と呼ばれている。

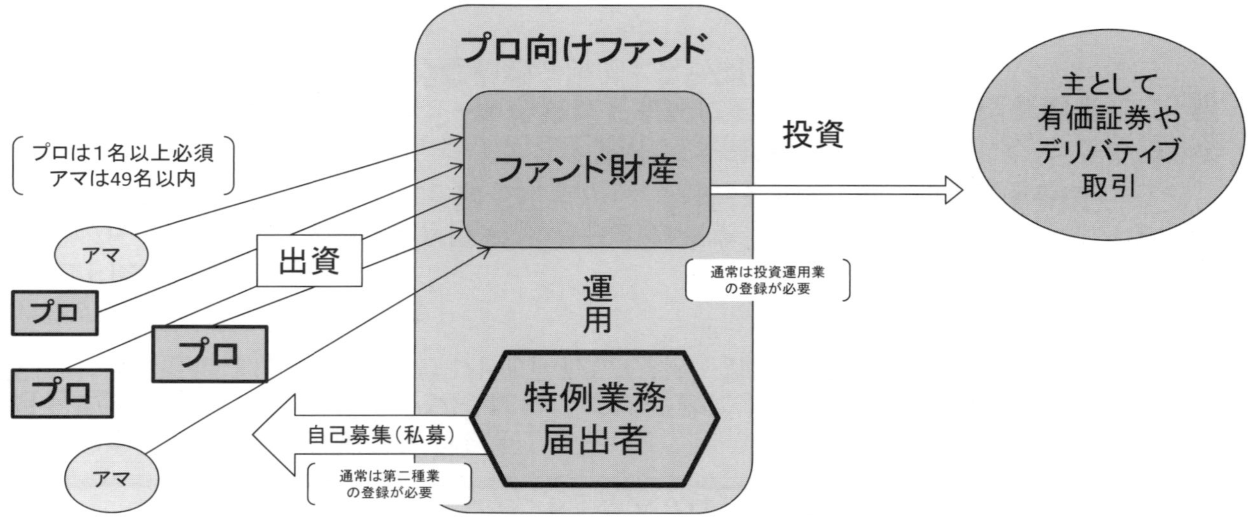

「プロ向けファンド」導入の背景と目的

2007年の金融商品取引法制の施行以前

○ 組合型集団投資スキーム（ファンド）については行政による横断的な監督はなされておらず、個別法により監督されていないファンドも存在しており、詐欺的事例も発生していた。

2007年の金融商品取引法施行時

○ ファンドについては、

- 多数の一般投資家を対象とした匿名組合形式の事業型ファンドに関する被害事例等に鑑み、利用者保護ルールの徹底を図る観点から、包括的・横断的規制の整備を図る、
- 一方で、利用者保護を前提に、活力ある金融市場を構築するとの観点から、プロ投資家を対象とするファンドについては、一般投資家を念頭においた規制を相当程度簡素化し、金融イノベーションを阻害するような過剰な規制とならないように配慮する、

とされた。

○ このような考えの下で、一般投資家を対象にファンドの販売・勧誘および運用を行う業者については登録制とする一方、プロ投資家を対象とする業者については、最低限の実態把握を行う観点から届出制とされるとともに、簡素な行為規制とされた。

○ さらに、基本的にプロ投資家が投資するようなファンドであっても、当該プロ投資家と関係の深い一般投資家（例：ファンド運営会社の役員等）も出資しているような場合も多いとの実態を踏まえ、プロ投資家以外の者が少数（政令において49人とされた。）に留まる場合には、プロ向けファンドとしてプロ投資家のみを対象とするファンドと同等の取扱い（届出制、簡素な行為規制）とすることとされた。

24

プロ向けファンドに関連する問題

○ プロ向けファンドに関しては、その販売等を行う業者が、

① 他の金融商品取引業者と異なり行為規制が緩く、また、登録制でないこともあり、行政処分（業務改善・停止命令、登録取消）の対象となっていないこと、

② 49名以内であれば投資の素人にも販売が可能なこと、

を悪用し投資家に被害を与えるケースがあり、国民生活センターへの相談件数は増加傾向にある。

● 「プロ向けファンド」届出業者に関する相談件数

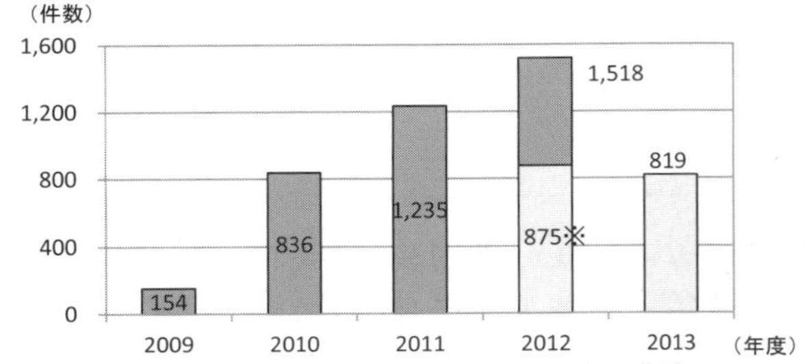

※13年度と同期間（4～11月）の件数

● プロ向けファンドに関する主な相談内容別件数

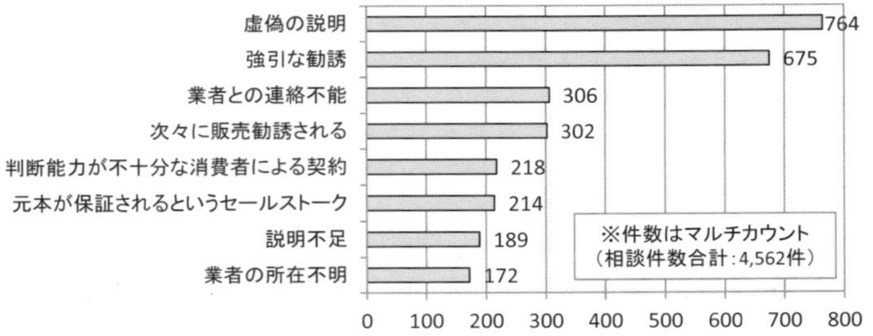

● プロ向けファンド販売購入形態別割合

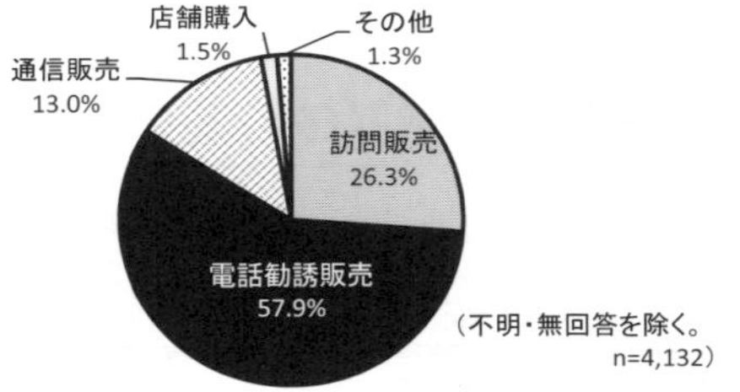

（不明・無回答を除く。
n=4,132）

● プロ向けファンド契約当事者年代別割合

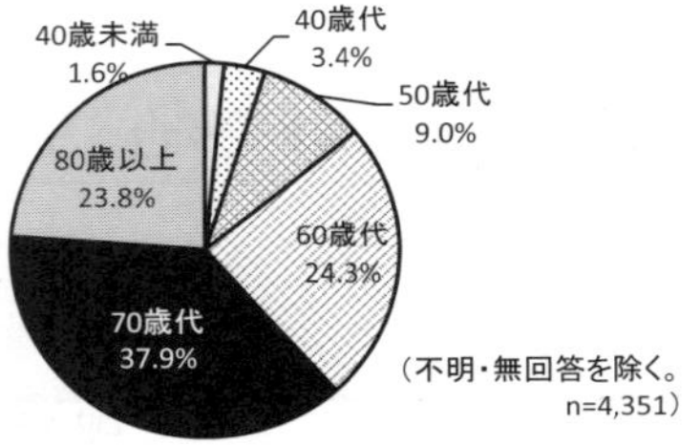

（不明・無回答を除く。
n=4,351）

（出典）国民生活センター「投資経験の乏しい者に『プロ向けファンド』を販売する業者にご注意！－高齢者を中心にトラブルが増加、劇場型勧誘も見られる－」（2013年12月19日公表）

プロ向けファンドの適正化のための取組

○ 届出手続きの強化のための制度改正（平成23年内閣府令改正、平成24年4月1日施行）

背　景

- 当時、適格機関投資家１名以上の要件を満たさない届出業者のファンドで投資者被害が発生
- 実体のない法人等において届出が提出される事例も

➢ 届出事項の拡充
特例業務要件を満たしているかどうかの把握が行えるよう、適格機関投資家の名称等を追加

➢ 添付書類の追加
届出者の実体を確認するため、届出者の本人確認資料（登記事項証明書等）を届出書の添付書類に追加

プロ向けファンドに関する主な提言（抜粋）

○ 投資家被害の増加に対し、本年4月、証券取引等監視委員会や消費者委員会から、投資家に係る要件を厳格化する等制度を見直すべきとの建議・提言。

- **証券取引等監視委員会・建議（平成26年4月18日）**
  - ファンドに係る投資者保護の一層の徹底を図る観点から、適格機関投資家等特例業務に関する特例について、出資者に係る要件を厳格化する等、一般投資家の被害の発生等を防止するための適切な措置を講ずる必要がある。

- **消費者委員会・提言（平成26年4月22日）**
  - 適格機関投資家等特例業務は、本来、プロ向けの制度である。そこで、制度の在り方として、プロ向けの仕組みという制度趣旨に則って整備されるべく諸要件等を見直すことが適当である。
  - （法人については）契約締結前交付書面の交付義務を初めとする投資家保護規定が限定的にしか適用されないことに鑑みれば、たとえ「法人」であっても自衛能力や耐性のある投資家と認めるに足りる要件を別途設定する必要があるのではないかと思われる。
  - （個人については）消費者被害の現状からすれば、（中略）少なくとも億単位の余剰資金をもって、投資性の金融取引を、年単位で継続的に行っている投資家という要件を満たすべきであろう。

プロ向けファンドに関する規制の見直し（パブリックコメント案）

○　提言等を踏まえ、「プロ向けファンド」の本来の趣旨に立ち返り、販売可能な投資家を以下のとおりとする政令・内閣府令の改正案について、パブリックコメントを実施（5月14日～6月12日）。

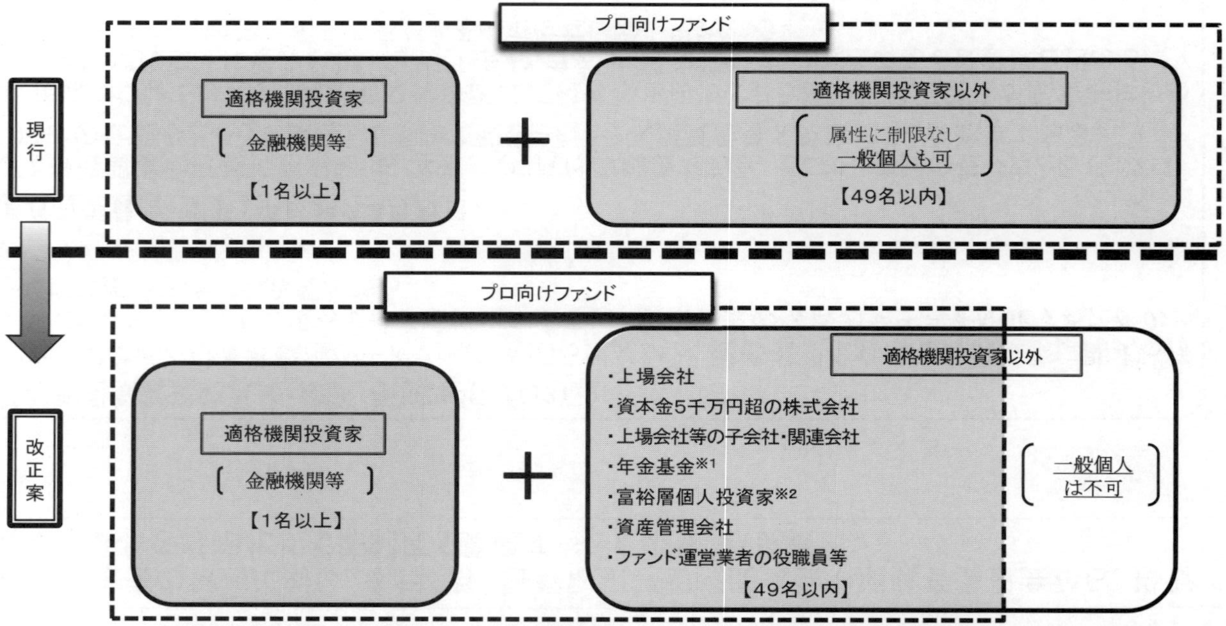

※1 投資性金融資産〔株式、債券（国債を含む）等の有価証券が主であり、預貯金や住宅といった資産は含まない〕を100億円以上保有する厚生年金基金・企業年金基金

※2 投資性金融資産を1億円以上保有する個人投資家

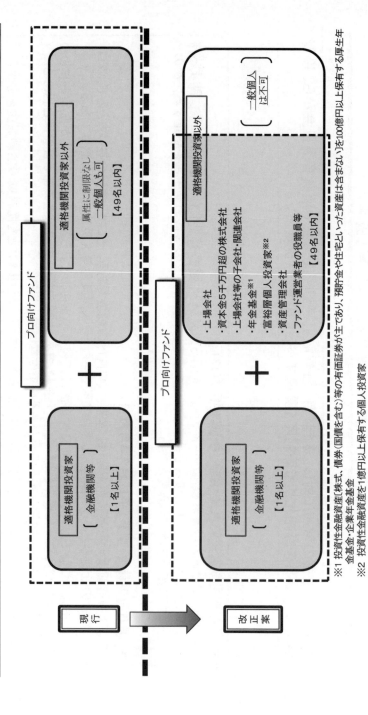

パブリックコメント案に対する意見等

○ パブリックコメントに付した改正案に対して、
① プロ向けファンドの個人への販売は禁止すべきとの意見
② 販売が可能な投資家の範囲が狭く、新たなファンドの組成が困難になるため、範囲を広げてほしいとの意見
などが出された。

- 日本弁護士連合会・要望（平成26年6月6日）
  - （規制見直し案に関して）適格機関投資家以外の者につき限定を加えた点について、賛成する。
  - 個人投資家をその対象に含めている点について、反対する。適格機関投資家以外の者に対する私募及び投資運用業については、そもそも個人投資家への勧誘を禁止すべきである。
- 独立系ベンチャーキャピタリスト等有志（平成26年7月15日）
  - 米国をはじめとする他の先進国その他有力な新興諸国とのバランス、憲法で保障された経済活動の自由、国際的にもベンチャーキャピタルの投資額が低水準である我が国の実情等にも十分配慮した上で、以下のような要件にすべきであると考えます。

一 取引の状況その他の事情から合理的に判断して、その保有する資産が五千万円以上であると見込まれる法人、組合等（民法上の組合、投資事業有限責任組合（LPS）、有限責任事業組合契約（LLP））及び信託（外国の同様の事業体を含む。保有する資産には、「投資性金融資産」だけでなく、現預金等、すべての資産を含みます。）

二 取引の状況その他の事情から合理的に判断して、以下のいずれかに該当すると見込まれる個人

イ 年収が一千万円以上又は夫婦で一千五百万円以上であること

ロ 資産（本人が居住する不動産を除く）を一億円以上保有していること

三 適格機関投資家の役員及び親族

四 ファンドの業務執行組合員、元業務執行組合員

五 ファンドの業務執行組合員等の役員、役員の親族及び元役員

六 金融商品取引所に上場している有価証券の発行者の役員及び元役員

七 金融商品取引所に上場している有価証券の発行者が提出した有価証券届出書に株主又は新株予約権者として記載された個人及び法人

八 金融商品取引所に上場している有価証券の発行者が最近一年以内に提出した有価証券報告書に大株主として記載された個人及び法人

九 公認会計士、弁護士、司法書士、行政書士、税理士

十 会社の設立、増資、新株予約権の発行、新規事業の立上げ、株主総会又は取締役会の運営、買収若しくは発行する株式の金融商品取引所への上場に関する実務に、当該会社の役員・従業員若しくは当該会社と契約関係にある者又はその役員・従業員として通算一年以上携わった経験がある者

十一 改正案と上記各号に該当する法人並びに個人及びその2親等以内の親族が直接・間接に議決権の過半数を保有する法人

注）上記の他、一定の要件を満たすベンチャーファンドを、金商法上の「みなし有価証券」に該当しないものとして位置づける案が提言されている。

ー目次ー

金融商品取引法の一部を改正する法律の概要

平成29年5月17日成立
5月24日公布

情報通信技術の進展等、金融・資本市場をめぐる環境変化を踏まえた制度面での手当てを行う

取引の高速化への対応

● 当局が株式等の高速取引（HFT）の実態などを確認できるよう、登録制を導入し、ルール整備を行う。

体制整備・リスク管理に係る措置

・取引システムの適正な管理・運営
・適切な業務運営体制の確保　　等

当局への情報提供等に係る措置

・高速取引を行うこと・取引戦略の届出
・取引記録の作成・保存　　等

取引所グループの業務範囲の柔軟化

● 取引所業務の多様化や国際化などの環境変化を踏まえ、取引所グループの業務範囲について以下の対応を行う。

グループ内の共通・重複業務の集約

システム開発業務などのグループ内の共通・重複業務について、取引所本体での実施を可能とする。

外国取引所等への出資の柔軟化

出資先の外国取引所等の子会社が業務範囲を超えるものであっても、一定期間（例えば５年間）、取引所グループが保有することを可能とする。

上場会社による公平な情報開示

● 投資家間の情報の公正性を確保するため、上場会社による公平な情報開示に係るルール（フェア・ディスクロージャー・ルール）の整備を行う。

上場会社等が公表前の重要な情報を投資家、証券会社等に提供した場合、
・意図的な伝達の場合は、同時に
・意図的でない伝達の場合は、速やかに、
当該情報をホームページ等で公表。

取引の高速化への対応

■ 日本の証券市場において、高速取引の影響力が増大。

■ これについては、市場に流動性を供給しているとの指摘もある一方で、

➢ 市場におけるボラティリティの急激な上昇
➢ 中長期的な投資家の取引ニーズが先回りされることによる取引コストの増大
➢ 中長期的な企業価値に基づく価格形成を阻害
➢ システムの脆弱性

等の観点から、懸念が指摘されている。

■ 日本では、現状、高速取引を行う投資家から、直接情報を収集する枠組みはない。

（参考）欧州では、高速取引を行う者を登録制とし、体制整備・リスク管理義務や当局に対する情報提供義務を導入（2018年1月より実施予定）

東証の取引に占める、コロケーションエリア（注）からの取引の割合

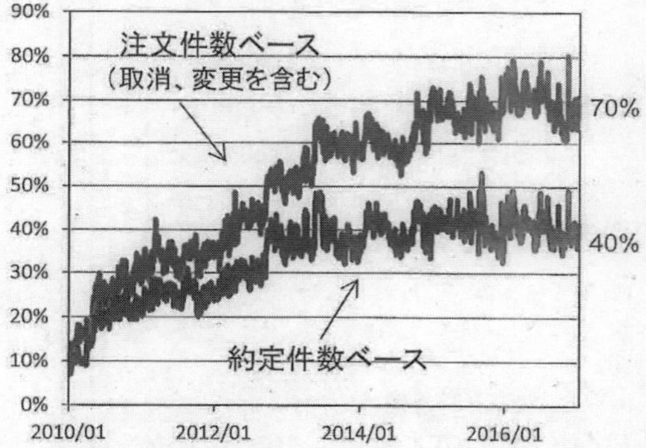

（注）証券会社のサーバを設置できるよう、取引所の売買システムに近接した場所に用意された施設。ここに置かれたサーバから取引の注文が可能であり、投資家は取引に要する時間の短縮が可能。

高速取引を行う者に対し、登録制を導入し、体制整備・リスク管理、当局への情報提供などの枠組みを整備

31

取引の高速化に関する法制度の整備

株式等の高速取引を行う者に対し、登録制を導入し、以下のルールを整備

1. 体制整備・リスク管理に係る措置

○ 取引システムの適正な管理・運営

○ 適切な業務運営体制・財産的基礎の確保

○ （外国法人の場合）国内における代表者又は代理人の設置

2. 当局に対する情報提供等に係る措置

○ 高速取引を行うこと・取引戦略の届出

○ 取引記録の作成・保存

○ 当局による報告徴求・検査・業務改善命令等

3. その他の規定

○ 無登録で高速取引を行う者等から証券会社が取引を受託することの禁止

○ 高速取引を行う者に対する取引所の調査

取引所グループの業務範囲の柔軟化

■ 取引所グループを巡る業務の多様化や国際化などの環境変化を踏まえ、取引所グループの業務範囲のあり方について以下の対応。

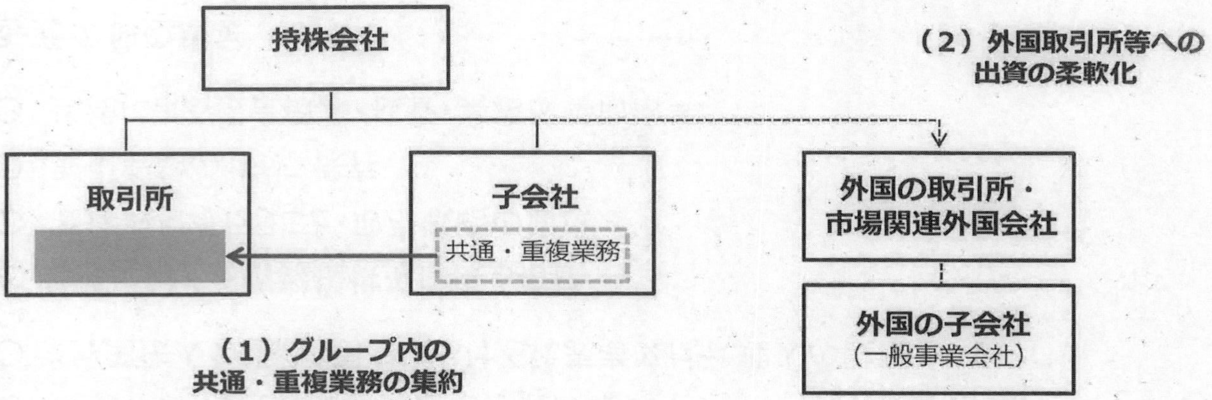

（1）グループ内の共通・重複業務の集約

システム開発業務などのグループ内の共通・重複業務について、認可を前提に、取引所本体での実施を可能とする。

（2）外国取引所等への出資の柔軟化

出資先の外国取引所等の子会社が業務範囲を超えるものであっても、原則5年間、取引所グループが保有することを可能とする。

33

上場会社による公平な情報開示(1)

フェア・ディスクロージャー・ルール

企業が、未公表の決算情報などの重要な情報を証券アナリストなどに提供した場合、速やかに他の投資家にも公平に情報提供することを求めるもの

背景

■ 近年、上場企業が証券会社のアナリストに未公表の業績に関する情報を提供し、当該証券会社が当該情報を顧客に提供して株式の売買の勧誘を行っていた事例が複数発覚

■ 欧米やアジアの主要市場では、フェア・ディスクロージャー・ルールが既に導入済み

⇒ 我が国でもフェア・ディスクロージャー・ルールの導入が必要

- 全ての投資家が安心して取引できる市場環境を整備
- 「早耳情報」に基づく短期的な売買ではなく、公平に開示された情報に基づく中長期的な視点に立った投資を促す

上場会社による公平な情報開示（2）

フェア・ディスクロージャー・ルールの概要

- 上場会社等が公表されていない重要な情報をその業務に関して証券会社、投資家等に伝達する場合、
  - ・意図的な伝達の場合は、同時に、
  - ・意図的でない伝達の場合は、速やかに、

  当該情報をホームページ等で公表。
- 情報受領者が上場会社等に対して守秘義務及び投資判断に利用しない義務を負う場合、当該情報の公表は不要。

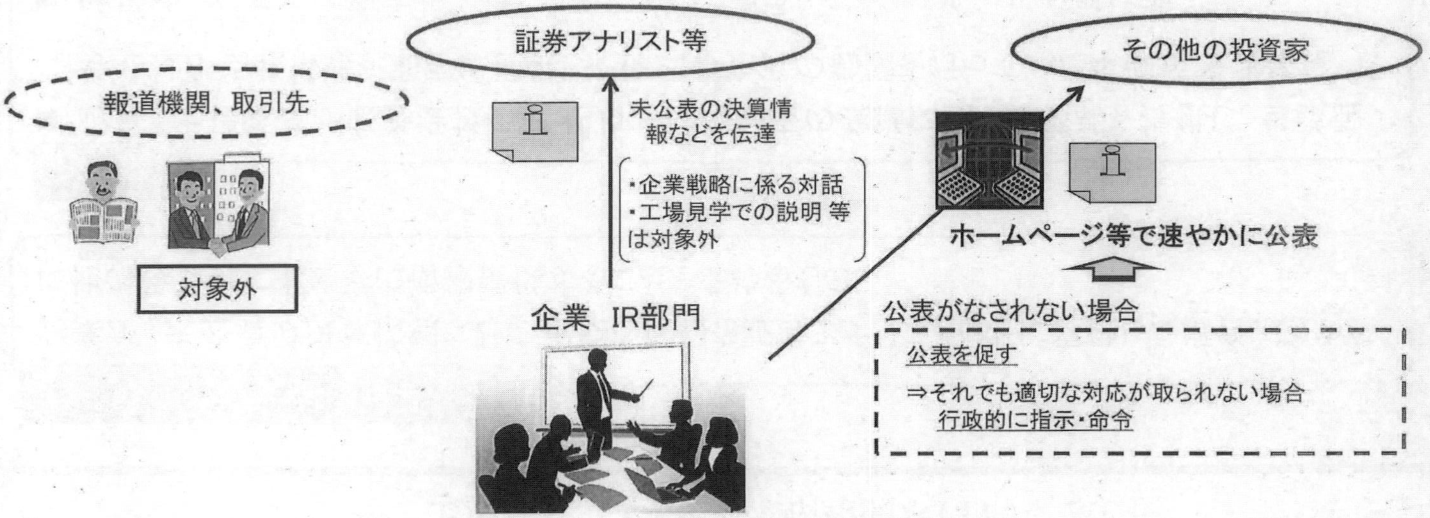

35

平成29年金商法改正に係る政府令案の概要

取引の高速化への対応

高速取引行為の定義

法では高速取引行為を、アルゴリズムによる発注であって、情報の伝達に通常要する時間を短縮するための方法として内閣府令で定める方法を用いて行われるものと定義。

・ 内閣府令で以下を規定。

➢ 高速取引行為者のアルゴリズムが、コロケーション・エリアなど、取引所・PTSの売買突合システムの設置場所と同一・隣接・近接する場所に所在し、かつ、

➢ 他の注文と競合せずに発注できる仕組みが講じられているもの

高速取引行為者の当局に対する登録申請等

法では、登録申請書に業務方法書を添付することを要求。業務方法書の記載事項は内閣府令に委任。

・ 内閣府令で、記載事項として取引戦略を規定。

➢ 取引戦略について、対象となる有価証券等の種類、取引を行う取引所名及び取引戦略の類型等を記載し、事前に当局への提出を義務づけ。

※ 類型については、マーケット・メイク、アービトラージ、ディレクショナル、その他の４類型を監督指針（今回新たに高速取引行為者向けの監督指針を策定）に規定。

※ 事業報告書で取引戦略毎の取引高の提出等を義務づけ。

※ その他の詳細については、別途報告徴求・検査が可能。

法では、登録拒否要件として、資本金及び純財産の額が政令で定める金額に満たない場合を規定。

➢ 政令で、最低資本金を1000万円、最低純財産額を零と規定。

・ 内閣府令で、高速取引行為者が作成・提出等すべき全ての書類について、英語によることを許容。

※ 高速取引行為者の登録審査権限については、金融商品取引業者等と同様に財務局長に委任。

受託証券会社の禁止行為

法では、証券会社が無登録者から高速取引行為を受託することを禁止し、さらに禁止すべきそれに準ずる行為を内閣府令に委任。

➢ 内閣府令で、システムの適切な管理態勢が整備されていることが確認できない高速取引行為者からの受託等を規定。

※ 具体的には、異常注文を防止・キャンセルするために、リミット、キルスイッチ等の具体的な仕組みが採用されているかを確認すること等を監督指針に規定。

取引所グループの業務範囲の柔軟化

法では、認可を前提に、取引所本体でグループ内の共通・重複業務を行うことを許容。共通・重複業務の内容を内閣府令に委任。

➢ 内閣府令で、システムの開発・提供業務を規定。

フェア・ディスクロージャー・ルール

法では、上場会社等が、公表前の**重要情報**を、証券アナリスト等（**情報受領者**）に提供した場合、意図的な伝達の場合は同時に、意図的でない伝達の場合は速やかに当該情報のホームページ等での公表を義務付け。

○ 発行者側の情報開示ルールが整備・明確化されることで、早期の情報開示、ひいては投資家との対話が促進されるといった積極的意義があるとされており、ルールの適用を受ける上場企業等は、ルールの趣旨・意義を踏まえ、積極的に情報開示を行うことが期待されている。

重要情報

○ 現行の実務を踏まえ、企業がプラクティスを積み上げていけるよう、ガイドラインを策定し、企業内の情報の「重要性」の判断・管理について以下の手法が認められる旨を記載。

➢ グローバルに定められた社内基準で「重要性」を判断・管理

➢ インサイダー取引規制の「軽微基準」を活用しつつ、決算情報について社内基準で「重要性」を判断・管理

➢ インサイダー取引規制の「軽微基準」を活用しつつ、決算情報について一律に「重要」と判断・管理

情報受領者

○ 内閣府令で、ルールの対象となる情報受領者の範囲として、金商業者、登録金融機関及び格付会社並びにＩＲ業務に関して情報伝達を受ける株主及び機関投資家等と規定。

ETF市場の流動性の向上

○ ETFが国民の安定的な資産形成に活用されるためには、ETF市場の流動性の向上が必要との指摘（市場WG報告書）

➢ 空売り規制の例外として、内閣府令で、取引所からETFのマーケット・メイカーとして指定を受けた高速取引行為者が、取引の円滑な流通を確保するために行う空売りを追加。

※ 東証はETF市場にマーケット・メイク制度を導入予定。

➢ 政令で、清算機関の行う債務引受業の対象にETFの設定・交換を追加。

※ 清算機関が債務引受を行うことにより、裏付資産となる株式等を持ち込む証券会社の信用リスクが遮断されるため、運用会社において株式等の持込みを待つことなくETFの設定・交換が可能となり、決済期間が短縮（T+4~6→T+3）される。

アルゴリズム取引とは

○アルゴリズムとは

ある特定の問題を解いたり、課題を解決したりするための計算手順や処理手順のこと。コンピューターで処理するための具体的な手順を記述したものがプログラム。

〈大辞泉第2版〉

○アルゴリズム取引とは

注文の開始、タイミング、価格や数量、発注後の管理など注文のパラメーターについて、人手の介入をなくして(あるいは最小化して)コンピューターのアルゴリズムが自動的に決定する金融商品の取引。〈欧州 第2次金融商品市場指令(MiFID Ⅱ)〉

(注)アルゴリズム取引において使用されるアルゴリズムには、①証券会社が開発し、投資家に提供するものと、②投資家が自ら開発するものとが存在する。

①には、典型的なものとして、VWAP型などが存在する。

②には、自らの投資戦略に応じて、多様なものが存在する。

VWAP型：平均執行価格を出来高加重平均価格(VWAP)に近づけるため、過去の平均的な日中出来高分布に応じて注文数を分割し、適当な時間間隔で執行するもの。

37

アルゴリズムを用いた高速な取引で行われるとされる投資戦略の例

受動的マーケットメイク		・市場に売りと買いの両方の注文を出しておき、他の投資家の取引相手となることで、ビッド・アスク・スプレッド分を利益とする戦略 ・膨大な注文数及び高いキャンセル率につながりうる
アービトラージ		・同一商品の市場間での価格差や、ETFとその原資産バスケットの価格差などに着目し、裁定取引を行うことで利益をあげる戦略 ・厳密な裁定取引ではないが、複数商品間の長期的な相関関係からの乖離に着目して利益を上げる戦略も存在（統計的アービトラージ）
ディレクショナル	トレンド・フォロー	・株価の動きに一定のトレンドがあることを前提に、価格が上昇傾向にあるものを買い、下落傾向にあるものを売る取引戦略
	ニューストレーディング	・過去のパターンから、マクロ経済、企業業績や産業に係るニュースへの株価の反応を予想して利益をあげる戦略
	他者の注文動向を察知する戦略	・大口取引者の取引ニーズを何らかの方法で察知し、その大口取引者に先んじてポジションを構築しておき、大口取引者の取引によって価格が変動した後にポジションを解消して利益を得るような取引
	価格の急変動を起こさせる戦略	・例えば、高速・大量の注文及び注文取消しによって、他の投資家のアルゴリズムを反応させ、価格の急変動を起こそうとするような取引（ただし、不公正取引に該当するものは既に禁止されている）

※ 上記の例は、証券会社が顧客の委託を受けて注文を執行する際に用いられる投資手法（例：VWAP型、前頁参照）などは含まれていない。

〔出典〕SECコンセプトリリース（2010）、IOSCO(2011)、豪ASIC（2010）等

(SEC = U.S. Securities and Exchange Commission)
(IOSCO = International Organization of Securities Commissions)
(ASIC = Australian Securities and Investments Commission)

取引の高速化（イメージ）

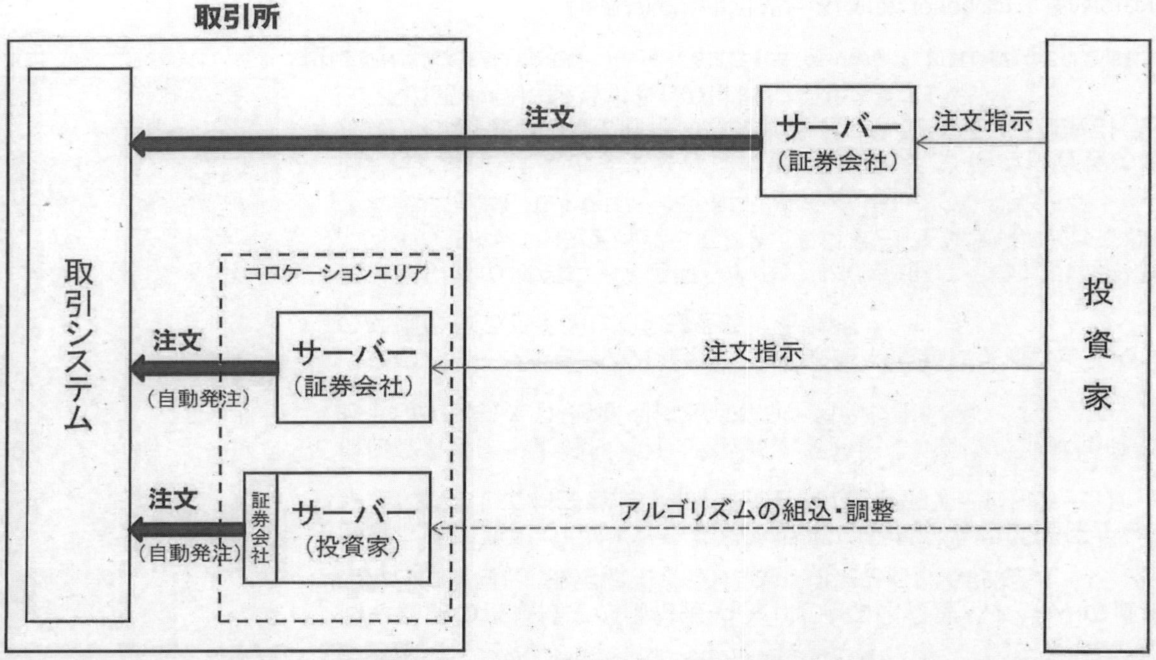

取引形態が多様化していく中で、投資家の取引ニーズに対する証券会社の関与が薄まっていることや、証券会社や投資家の注文がシステム化されてきている状況をどう考えるか。その結果、それらのシステムに起因するリスクが高まってきていることはないか。

取引所・証券会社・投資家の関係（イメージ）

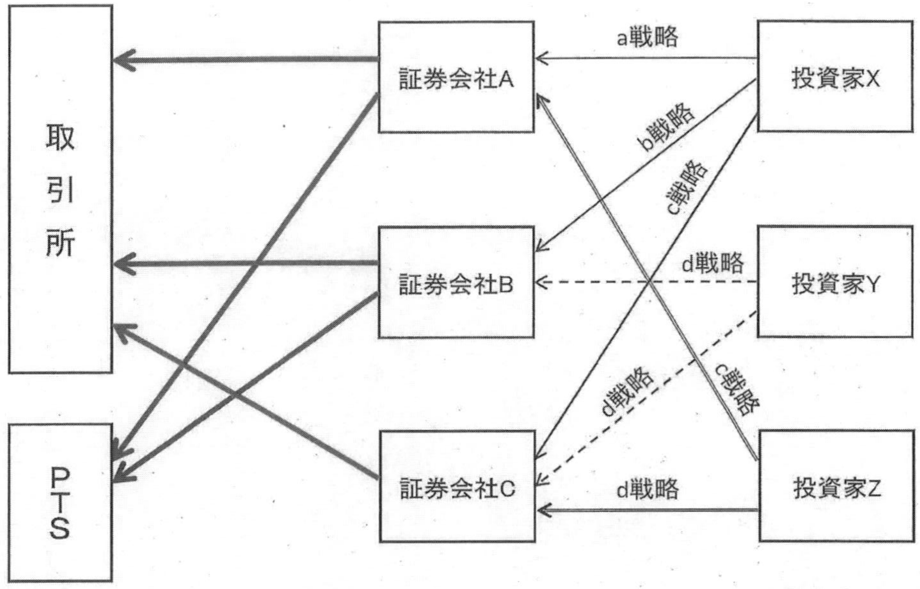

取引戦略を証券会社に悟られない等の目的で、多くの投資家が複数の証券会社に分けて発注する実態があり、証券会社は、個々の投資家の投資行動等の全体像を把握し切れない状況をどう考えるか。このような現状の下で、取引所（PTS）も、市場取引の全体像を十分に把握し切れていないことはないか。

東証の全取引に占めるコロケーションエリアからの取引の割合

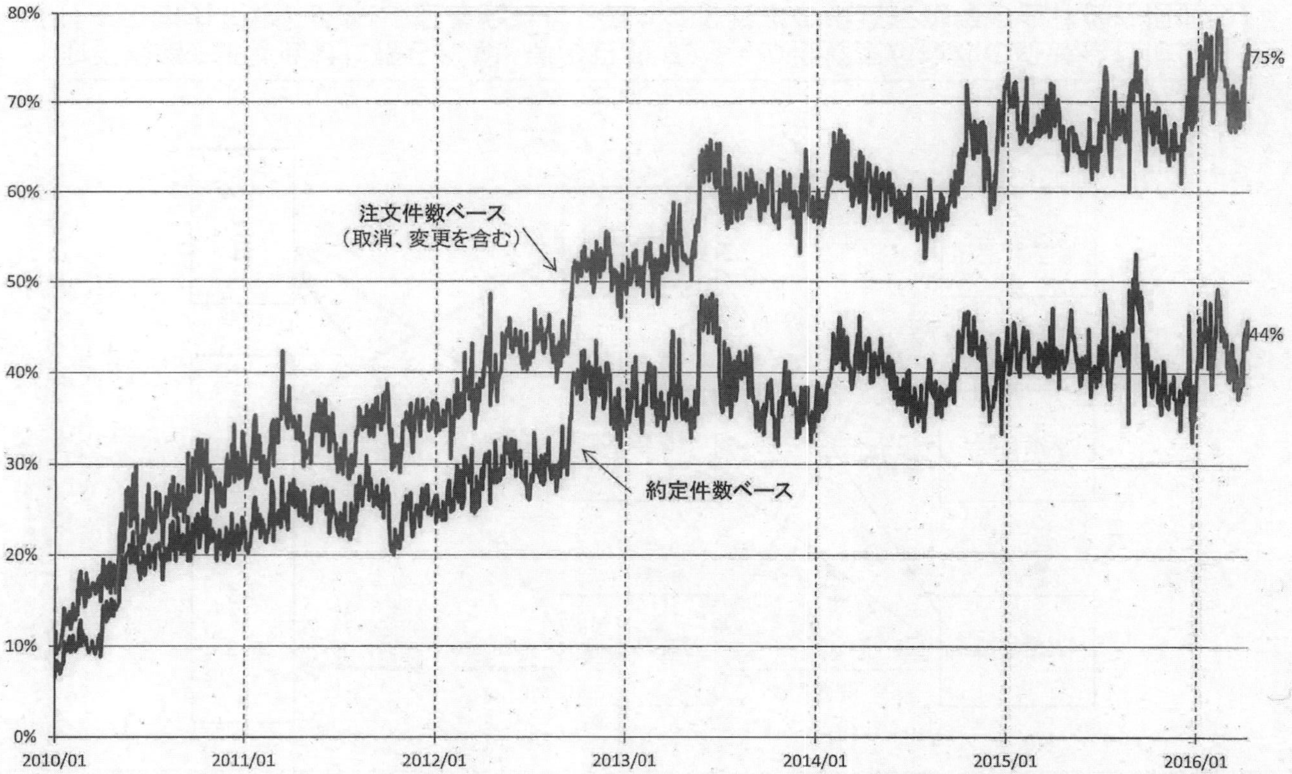

41

欧米におけるHFTのシェアの推移

米国におけるHFTによる取引のシェア（約定株数ベース）

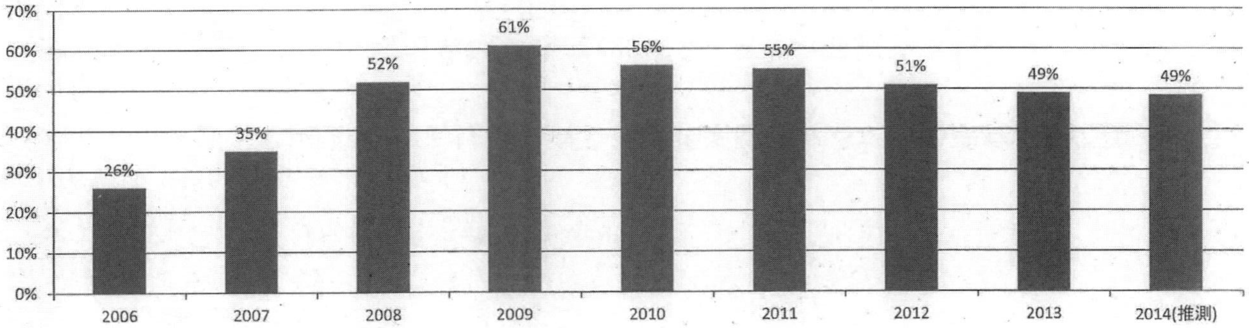

欧州におけるHFTによる取引のシェア（約定額ベース）

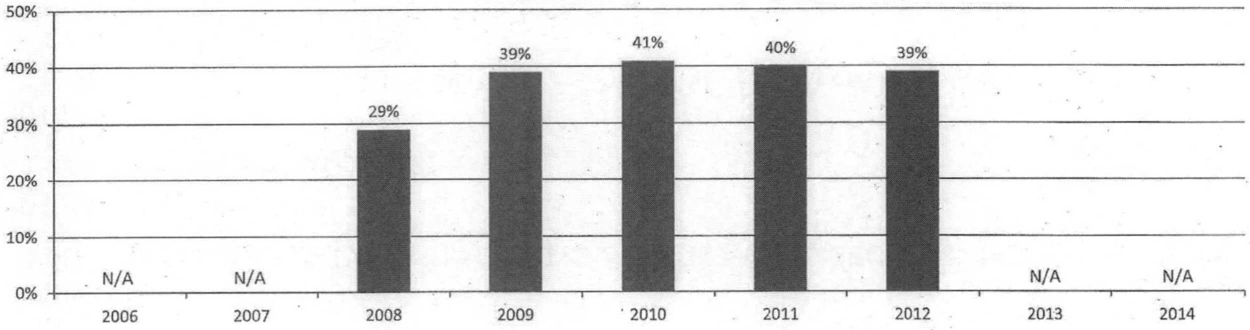

（注）Tabb Groupが独自のヒアリングに基づき算出したものであり、HFTの定義の詳細は不明。

〔出典〕Tabb Group

42

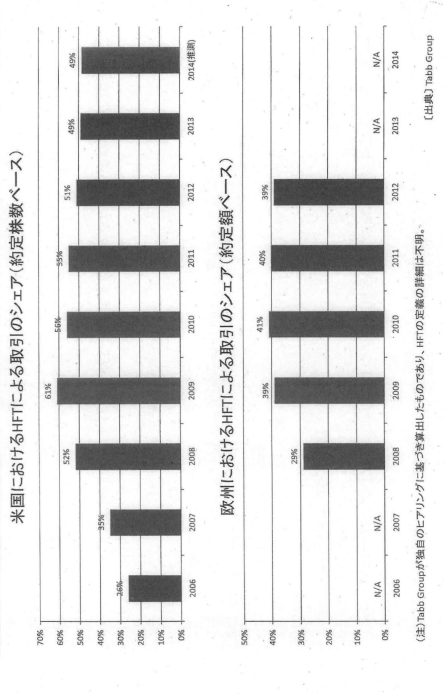

取引の高速化を巡る主な経緯

2010年1月
〔米〕 2009年頃から生じてきていたHFTに係る議論を受け、SECがコンセプトリリースを発出

2010年5月
〔米〕 フラッシュクラッシュ発生

2010年11月
〔国際〕 G20ソウル・サミット文書において、IOSCOに対し、技術発展がもたらすリスクの抑制策を報告するよう要請

2011年10月
〔国際〕 IOSCO「技術革新が市場の健全性・効率性に及ぼす影響により生じる規制上の課題」最終報告書を公表

2012年8月
〔米〕 ナイト・キャピタル社による誤発注発生

2013年5月
〔欧〕 ドイツで「高頻度取引における危険及び濫用を防止するための法律」成立・施行

2014年5月
〔欧〕 第二次金融商品市場指令等が成立（2018年1月から実施予定）

2015年11月
〔米〕 CFTCがRegulation Automated Trading (Reg. AT)についてパブリックコメント実施
（2016年3月締切）

フラッシュクラッシュ

- 2010年5月6日午後2時42分から5分ほどの極めて短時間に、ダウ平均が573ドル(5.49%)もの急激な値下がりを示した後、わずか2分足らずで543ドルも急騰、ほぼ急落前の価格に戻したことで、市場が大きく混乱した出来事。
- 先物市場で始まった価格変動が現物市場やETF などの関連市場に急速に伝播し、約20分間に個別株やETF など多くの商品で5%から15%もの価格変動が生じた。
- 326銘柄(ETF を含む)にわたる2万件以上の取引が、急落直前の価格と比べて60%以上も下回る低価格で成立した。1 セントという最低価格での取引や、逆に10 万ドルといった極めて高い価格での取引が多数成立したケースもあり、大きな混乱につながった。

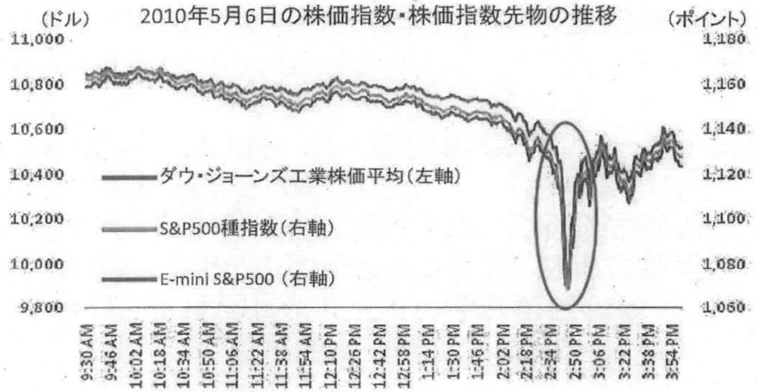

〔出典〕
・「HFT、PTS、ダークプールの諸外国における動向～欧米での証券市場間の競争や技術革新に関する考察～ 」清水葉子(2013年5月)
・「Report of the Staffs of the CFTC and SEC to the Joint Advisory Committee on Emerging Regulatory Issues」SEC・CFTC(2010年5月)

44

ナイト・キャピタル社のシステム・トラブルによる誤発注

● 2012年8月1日、ニューヨーク証券取引所(NYSE)において、ナイト・キャピタル社による大規模な誤発注が発生。

● 米国の調査会社によれば、具体的には以下のような状況が発生。
  ・数十銘柄の株式において、明らかに安すぎるなど、異常な気配値の提示を観測
  ・通常の取引日に最も多く取引される銘柄はS&P500指数連動型ETF(SPY)だが、その取引量を上回る銘柄がおよそ50銘柄存在
  ・上記のような異常な注文が行われ、多くの銘柄でミニフラッシュクラッシュが発生

● この結果、ナイト・キャピタル社は154銘柄の株式で400万回、3億9,700万株以上の取引を成立させ、80銘柄で約35億ドルの買い越しポジション、74銘柄で約31億5,000万ドルの売り越しポジションをかかえ、約4億6,000万ドルの損失を被ることとなった。

● NYSEは一定の価格以上又は以下で行われた6銘柄の取引について取引取消しを決定。

● 原因は、8台のサーバに新たなプログラムを段階的に組み込む過程において、1台のサーバにプログラムをコピーし忘れたことによるシステム・トラブル。

※ナイト・キャピタル社:
  ・2012年1月-5月の期間では、米国の全株式取引の11%に関与。
  ・2012年の第1四半期末時点で、海外拠点も含め21箇所の拠点を保有。
  ・2012年の第1四半期末時点で、従業員は約1,400人。
  ・2011年の税引き前利益は、1億1,520万ドル。

〔出典〕
・「ナイト・キャピタルのシステム・トラブル—SEC の文書に基づく実態—」吉川真裕(2014年3月)

市場の安定性に与える影響①

相場急変動やボラティリティの上昇と、アルゴリズムを用いた高速な取引との関係についてどう考えるか。

- より多くの流動性があるほうが株価へのショックをよりよく吸収できるという意味で、流動性とボラティリティには緊密な関係がある。オフィシャルなマーケットメイキング業務に携わるHFTは、流動性を提供することによって日中の短い時間におけるボラティリティを和らげることを助けているかもしれない。〈IOSCO〉

- アルゴリズムによる高速な取引がプログラムエラーで予期せぬ大規模な発注を行なったり、プログラマーの意図と異なる動きをするアルゴリズムが連鎖反応を引き起こすことにより、市場のボラティリティを高めたり市場の秩序を混乱させるリスクがある。〈IOSCO〉
- 他のマーケットイベントにアルゴリズム取引システムが過剰に反応してボラティリティを増幅させてしまうリスクもある。〈EU〉
- 取引スピードの高速化は、意図せざる取引の結果が市場全体に広く影響を及ぼす潜在的なリスクを高めている。〈カナダIIROC〉

- HFTがボラティリティを高めているか否かについては、キリレンコ教授とヘンダーショット教授の分析に見られるように、賛否両論がある。理論的には、第一に、一時点における価格発見機能の向上により、その時点における価格の分散が高まる。第二に、不均一な考え方を有する者に対して、このような様々な価格での取引機会が開かれるということは、消費ボラティリティ(将来の消費についての不確実性)を高めることにつながり、結果としてマクロ経済的なボラティリティの上昇につながり、社会コストを増大させることになる。
〈スティグリッツ 米コロンビア大教授〉

(IIROC = Investment Industry Regulatory Organization of Canada)

46

市場の安定性に与える影響②

〈参考〉

キリレンコ・米MIT教授の研究結果

- 実証データ分析の結果では、フラッシュクラッシュの直接的な発生原因は見つからなかったが、自動プログラム売買の結果、取引の大きな傾きにより価格変動が加速された。
- 即ち、HFTは最良気配の注文を即時に引き上げ、新たな最良気配を作り出すことにより、フラッシュクラッシュ時の変動を補助した。
- 相場の変動が少ない状態であれば、このようなHFTの動きも市場を片方に誘引することはないが、市場がストレス状態にある場合、HFTの注文フローの偏向が拡大し、これが更なる相場変動をもたらすことを実証した。

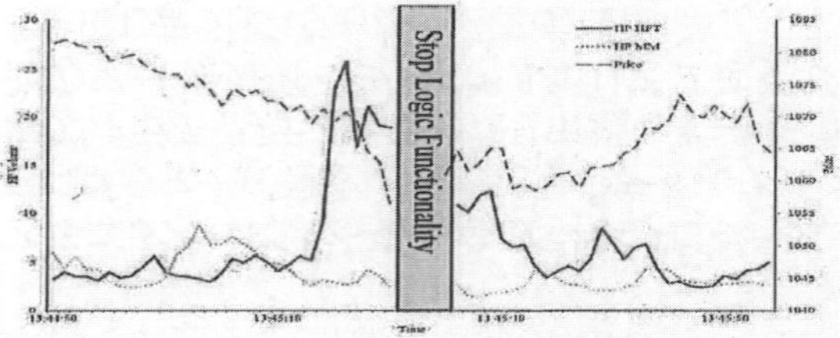

ヘンダーショット・米UCバークレー教授の研究結果

- 分析では、ボラティリティの変動に応じてアルゴリズム取引の取引量が有意に変動しているという証拠は得られなかった。
- また、アルゴリズム取引が、板に出ている注文に自分の注文をぶつけて約定しにいく量が増えるのは、板が薄いときではなく、アルゴリズム取引以外の者が注文を多く出して板に厚みがあるとき。
- これらは、アルゴリズム取引はボラティリティを高めているのではなく、抑制していることを示唆している。

市場の公正性に与える影響①

欧米とは異なり、市場の分断等を不当に利用した取引は限定的としても、我が国でも、アルゴリズム取引を用いたり、アルゴリズムに働きかけるような相場操縦事案の勧告事例あり。

事案1 (詳細は次ページ参照)	◆ 相手方のアルゴリズム取引の特性（指値変更注文に瞬時に反応）を利用することを意図した相場操縦。 ◆ 最良売り（買い）気配の大口発注に誘引され、複数の第三者からミリ秒単位でアルゴリズム取引の買い（売り）の発注がなされ、約定。
事案2	◆ 見せ玉を発注、第三者に取引が繁盛に行われていると誤解させてアルゴリズム取引による注文を誘引、その後全ての見せ玉を取り消し。
事案3	◆ 最良売り（買い）気配に小口注文を発注後、反対の最良買い（売り）気配値に大口注文を発注、それに誘引されたアルゴリズム取引注文と小口注文を約定させた。 ◆ 見せ玉の発注後、極めて短い期間(約300ミリ秒未満)でアルゴリズムによってポジションの取得、反対注文の発注、見せ玉の取消し（アルゴリズムをツールとして利用）。
事案4	◆ 売買を誘引する目的で大量の買い注文を連続発注、相場を変動させる一連の売買および委託。 ◆ 大引前約30秒間に、証券会社を介してDMAやアルゴリズムを用いて大量の買い注文を連続発注。 ◆ 連続発注に誘引されて、アルゴリズムを利用している機関投資家・個人投資家が発注。

市場の公正性に与える影響②

〈 前ページ事案1の詳細について 〉

課徴金納付命令対象者は、板を厚く見せるために、

（1）約定させる意思のない売り注文、及び

（2）買い注文を発注したほか、

（3）約定可能性がない程度の価格に指値変更注文を行い、その後、

（4）最良気配値付近に再度指値変更注文を行うことにより、

それらの注文に瞬時に反応してくるコンピュータシステムによるアルゴリズム取引と考えられる他の投資家からの注文が、

（5）対象者の買いたい株価又は売りたい株価の指値で発注されるのを意図して、

（6）そのような他の投資家の注文と自己の注文を売買約定させる

という行為を繰り返し行ったものである。（下図参照）

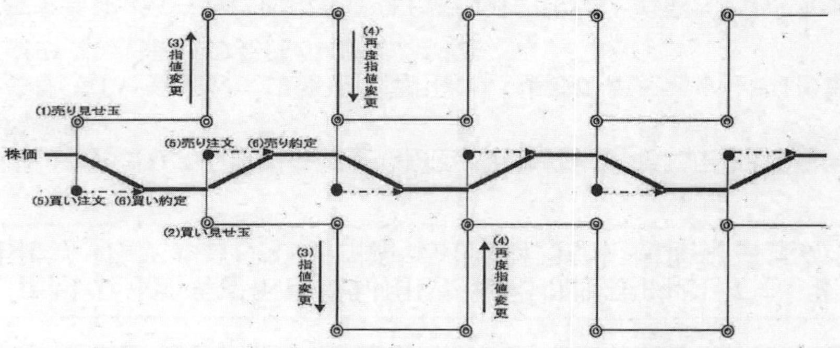

49

市場の公正性に与える影響③

- （高頻度な）アルゴリズム取引技術は、他の形態の取引と同様、不公正取引に利用される可能性があり、HFTの技術的優位性が、より大規模な不公正取引を可能にしている懸念が払拭されない。〈EU〉
- このような取引が人の目では監視できないような環境下では、適切なシステム上のコントロールがなければ、法令違反の取引が行われる可能性が高まり、結果として投資家の取引参加意欲を損ねることになりかねない。〈カナダIIROC〉
- 他者の注文の察知を試みる取引戦略などについては、明らかな不公正取引とは言えないものの、このような取引が高頻度で大量に行われると、結果的に市場の質や信頼を損ねることにならないか。〈IOSCO〉

（参考）米国では、複数の取引所に同時に出された注文でも取引所毎に到達時刻にわずかな差が生じることから、これを利用して、高速回線で先回りする（＝ある取引所に出された注文から、他の取引所に出されている注文を予測して、ポジションを構築する）取引等があるとされ、これについて、市場の分断等を不当に利用していて問題だ、とする議論も存在している。

50

市場の効率性に与える影響

アルゴリズムを用いた高速な取引の是非はともかく、過度のスピード競争のためにコストや労力をかけることは、市場の効率性を高める上で意味があるのか。

- 金融のイノベーションは市場の発展をもたらしたが、私的な利益と公共的な利益の間で齟齬が生じており、高速な取引は必ずしも社会全体の厚生を高めることに寄与しないのではないか。すなわち、他者よりもわずかに早く情報を得ることに社会的価値があるとは想定し難いが、スピードへの投資により獲得できる利益が大きいため、社会全体として過剰な投資が行われているのではないか。
〈スティグリッツ・米コロンビア大教授〉

- 他者に自らの注文を察知されて先回りされる懸念を認識した投資家は、察知されることを回避するためにコストをかけ、察知しようとする側も、その能力を高めるためにコストをかけることになるが、これは社会全体として見れば無駄である。
〈スティグリッツ・米コロンビア大教授〉

- 株式市場は、資金の出し手と企業を結ぶことにより、資本を生産的な用途に効率的に配分する機能を担うものであるが、他者よりもわずかに早く情報を得て発注しようとするトレーダーが株式市場の社会的機能の向上のために貢献しているとは考え難い。〈クルーグマン・ニューヨーク市立大教授〉

投資家間の公平性に与える影響

アルゴリズムを用いた高速な取引が高速性を生かして一般の投資家よりも過度に多くの利益を得るとすれば、投資家に不公平感を与えることとならないか。

- HFTの高度な取引能力が他の投資家と比較して不公正なアドバンテージにつながり、市場全体としての公正性を損ねていないか。〈IOSCO〉
- 取引技術に対する投資をHFTと同様に行うことが困難である市場参加者の中には、HFTが先に注文を執行し流動性にヒットしてしまうために不利な立場に置かれていると主張する者が存在。〈EU〉
- HFTが市場やデータにアクセスするスピードは、他の投資家と比較してアンフェアといえるレベルではないか。〈豪ASIC〉
- コロケーションを利用して他者よりも有利なアクセススピードを実現するHFTは、取引参加者間の情報の対称性を歪めており、誰かの効用を犠牲にして利益をあげているということではないか。〈スティグリッツ・米コロンビア大教授〉

企業価値に基づく価格形成に与える影響

アルゴリズムを用いた高速な取引のシェアが過半を占める株式市場では、中長期的な企業の収益性に着眼した価格形成が阻害されるということがないか。

- 個々の投資家は、開示された企業情報や株価といった関連情報と自らが保有する独自の情報とを比較することにより投資判断を行う。
- 個々の投資家が有する様々な期待と市場での価格情報が比較されることを通じて、市場価格は新たな均衡に至り、このような価格発見プロセスは株式資本の最適分配における中心的な役割を担うものと考えられる。
- しかしながら、HFTの戦略の多くは超短期的であり、それがアルゴリズムによる高速・高頻度な取引とあいまって短期的にファンダメンタルズから乖離した株価の動きをもたらし、価格発見プロセスを阻害している可能性がある。〈OECD〉

- 企業価値を分析して投資判断を行う者が、自らの分析の成果をHFTに盗み取られてしまうことを懸念して、取引所から逃げてしまうと、市場の価格発見機能の低下につながるのではないか。企業価値を分析することなく取引パターンから情報を抽出できるようなアルゴリズムを開発すれば、高い収益を上げることはできるだろうが、それは他者の収益を犠牲にして得られるものである。

〈スティグリッツ・米コロンビア大教授〉

53

システム面に与える影響

万が一の場合、システム面でのトラブルが市場に大きな問題を引き起こすおそれはないか。

- HFTが要求する高い技術水準は、通信ネットワークやマッチングエンジンの容量にとって挑戦となっている。取引所等や証券会社がHFTに対応したシステムやその管理を行っているか、エラーが生じた際に過度な株価変動が起こらないよう抑止するメカニズムが導入されているかを評価することが重要。〈IOSCO〉
- 取引技術は、大量の注文による取引施設のシステムへの過負荷など、無秩序な市場を作り出す潜在的なリスクを有している。〈EU〉
- HFTがデータやデータ管理コストに与える影響や、リスク管理に関する懸念。〈豪ASIC〉
- 証券市場は取引のスピード、容量、効率性を高め、洗練された機能の提供を可能にしたが、その進化は自動化されたシステムに伴うオペレーショナルリスクを高めた。例えば、誤発注、急停止、遅延、不法侵入などのリスクが高まっている。ある主体における一見すると小さなシステム上の問題が、瞬間的に市場参加者の損失と負債を生ぜしめ、それがすぐに国中の市場システムに拡がり、市場参加者や投資家に広範な損害を与える可能性がある。〈米SEC〉

アルゴリズムを用いた高速な取引に関する規制の概要

【欧米で実施されている規制】

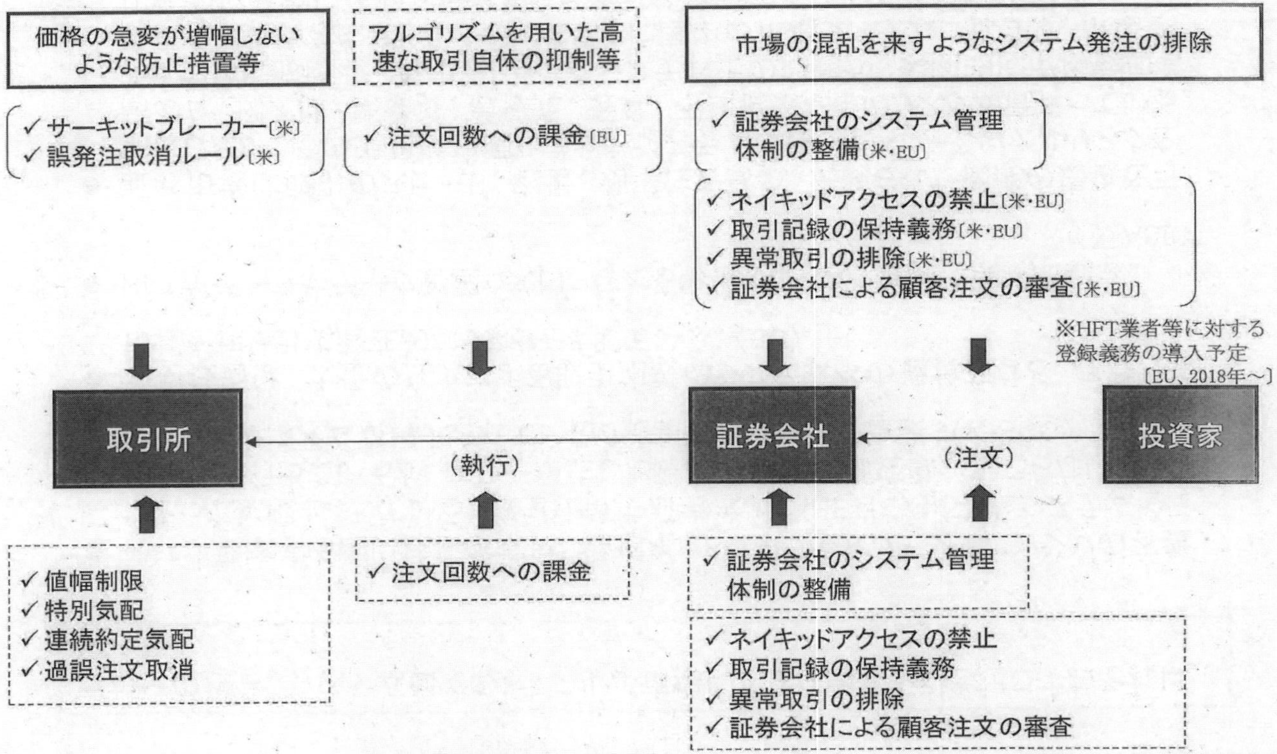

【わが国で実施されている規制】

55

欧州・第二次金融商品市場指令等におけるアルゴリズム取引規制

2014年公布。2018年1月から実施予定。

アルゴリズム取引に従事する者に対する規制

高頻度アルゴリズム取引技術を利用する者（HFT業者等）を登録制として、以下の規制を導入

体制整備・リスク管理義務

- □ 強靭で十分な容量を有していること
- □ 適切な取引の閾値・上限を設定していること
- □ 誤発注を防止するものであること
- □ 市場の混乱を惹起するような方法で機能するものではないこと
- □ 市場濫用防止に関する欧州規則又は取引所が定めるルールに反する目的で利用されないこと　等

当局に対する通知・情報提供義務

- □ アルゴリズム取引に従事する旨の通知
- □ アルゴリズム取引戦略、システムが採用する取引パラメータやリミットの詳細、リスク管理等に関する情報の提供
- □ 必要な記録の保持　等

米国・CFTCによるアルゴリズム取引規制

2015年11月パブコメ実施（実施時期等未定）

アルゴリズム取引に従事する者に対する規制

直接電子アクセスを利用して自己勘定でアルゴリズム取引を行う業者に新たに登録義務を課し、既存の登録業者であってアルゴリズム取引を行う者とあわせてAT Personとし、以下の規制を導入

体制整備・リスク管理義務

- □ 取引前リスク管理を行うこと
- □ キルスイッチを導入すること
- □ セルフトレードを防止するための措置をとること
- □ ストレステストを実施すること
- □ アルゴリズム取引を行う者に必要な訓練を行わせること　等

当局に対する情報提供義務

- □ アルゴリズム取引に係るソースコードを保持しておき、当局の求めに応じて提供すること
- □ アルゴリズム取引に関する記録を保持すること　等

（CFTC＝ U.S. Commodity Futures Trading Commission）

取引の高速化に関する論点①

- 以下の懸念について、どう考えるか
  - ➢ 市場の安定性
  - ➢ 市場の公正性
  - ➢ 市場の効率性
  - ➢ 投資家間の公平性
  - ➢ 企業価値に基づく価格形成
  - ➢ システム面への影響

- 取引形態が多様化していく中で、投資家の取引ニーズに対する証券会社の関与が薄まっていることや、証券会社や投資家の注文がシステム化されてきている状況をどう考えるか。その結果、それらのシステムに起因するリスクが高まってきていることはないか。

- 取引所（PTS）も証券会社も、個々の投資家の投資行動等の全体像を把握しきれない状況をどう考えるか。このような状況の下、相場の急変動や無秩序な市場の動きがあっても、原因分析ができないことになっていないか。

取引の高速化に関する論点②

- 仮に、こうした状態が放置された場合、年金基金・個人を含めた多様な投資家を呼び込み、市場の厚みを増すという動きに水を差すことにならないか。

- 多くの投資家の取引がアルゴリズムで自動化・高速化されている状況下で、異常な注文・取引やサイバー攻撃等の影響が、瞬時に市場全体に伝播するリスクをどう考えるか。

- 取引所や証券会社を通じた規制・監督のみで、これらのリスクに対応可能と考えるか。

- 例えば、これらのリスクを回避すべく、関係者の適切な取組みを促し、事後的にそれらの取組みの実効性等を検証していくこと等が必要ではないか。

- 取引の高速化への対応については、諸外国における高速取引の状況や規制の動向も踏まえた検討が重要ではないか。

金融商品取引法研究会名簿

（平成 29 年 12 月 26 日現在）

会　　長	神　作　裕　之	東京大学大学院法学政治学研究科教授
会長代理	弥　永　真　生	筑波大学ビジネスサイエンス系 ビジネス科学研究科教授
委　　員	飯　田　秀　総	東京大学大学院法学政治学研究科准教授
〃	大　崎　貞　和	野村総合研究所未来創発センター主席研究員
〃	尾　崎　悠　一	首都大学東京大学院社会科学研究科 法学政治学専攻准教授
〃	加　藤　貴　仁	東京大学大学院法学政治学研究科准教授
〃	河　村　賢　治	立教大学大学院法務研究科教授
〃	小　出　　　篤	学習院大学法学部教授
〃	後　藤　　　元	東京大学大学院法学政治学研究科准教授
〃	武　井　一　浩	西村あさひ法律事務所パートナー弁護士
〃	中　東　正　文	名古屋大学大学院法学研究科教授
〃	藤　田　友　敬	東京大学大学院法学政治学研究科教授
〃	松　井　智　予	上智大学大学院法学研究科教授
〃	松　井　秀　征	立教大学法学部教授
〃	松　尾　健　一	大阪大学大学院高等司法研究科准教授
〃	松　尾　直　彦	東京大学大学院法学政治学研究科客員教授・弁護士
〃	宮　下　　　央	ＴＭＩ総合法律事務所弁護士
オブザーバー	小　森　卓　郎	金融庁総務企画局市場課長
〃	岸　田　吉　史	野村ホールディングスグループ法務部長
〃	森　　　忠　之	大和証券グループ本社経営企画部担当部長兼法務課長
〃	鎌　塚　正　人	ＳＭＢＣ日興証券法務部長
〃	陶　山　健　二	みずほ証券法務部長
〃	本　井　孝　洋	三菱ＵＦＪモルガン・スタンレー証券法務部長
〃	山　内　公　明	日本証券業協会常務執行役自主規制本部長
〃	石　黒　淳　史	日本証券業協会政策本部共同本部長
〃	山　本　　　悟	日本証券業協会自主規制企画部長
〃	塚　﨑　由　寛	日本取引所グループ総務部法務グループ課長
研 究 所	増　井　喜一郎	日本証券経済研究所理事長
〃	大　前　　　忠	日本証券経済研究所常務理事

（敬称略）

［参考］　既に公表した「金融商品取引法研究会（証券取引法研究会）研究記録」

第１号「裁判外紛争処理制度の構築と問題点」　2003年11月
報告者　森田章同志社大学教授

第２号「システム障害と損失補償問題」　2004年１月
報告者　山下友信東京大学教授

第３号「会社法の大改正と証券規制への影響」　2004年３月
報告者　前田雅弘京都大学教授

第４号「証券化の進展に伴う諸問題(倒産隔離の明確化等)」　2004年６月
報告者　浜田道代名古屋大学教授

第５号「EUにおける資本市場法の統合の動向
—投資商品、証券業務の範囲を中心として—」　2005年７月
報告者　神作裕之東京大学教授

第６号「近時の企業情報開示を巡る課題
—実効性確保の観点を中心に—」　2005年７月
報告者　山田剛志新潟大学助教授

第７号「プロ・アマ投資者の区分—金融商品・
販売方法等の変化に伴うリテール規制の再編—」　2005年９月
報告者　青木浩子千葉大学助教授

第８号「目論見書制度の改革」　2005年11月
報告者　黒沼悦郎早稲田大学教授

第９号「投資サービス法(仮称)について」　2005年11月
報告者　三井秀範金融庁総務企画局市場課長
松尾直彦金融庁総務企画局
投資サービス法(仮称)法令準備室長

第10号「委任状勧誘に関する実務上の諸問題
—委任状争奪戦（proxy fight）の文脈を中心に—」　2005年11月
報告者　太田洋 西村ときわ法律事務所パートナー・弁護士

第11号「集団投資スキームに関する規制について
—組合型ファンドを中心に—」　2005年12月
報告者　中村聡 森・濱田松本法律事務所パートナー・弁護士

第12号「証券仲介業」　2006年３月
報告者　川口恭弘同志社大学教授

第13号「敵対的買収に関する法規制」　2006年5月
報告者　中東正文名古屋大学教授

第14号「証券アナリスト規制と強制情報開示・不公正取引規制」　2006年7月
報告者　戸田暁京都大学助教授

第15号「新会社法のもとでの株式買取請求権制度」　2006年9月
報告者　藤田友敬東京大学教授

第16号「証券取引法改正に係る政令等について」　2006年12月
（ＴＯＢ、大量保有報告関係、内部統制報告関係）
報告者　池田唯一　金融庁総務企画局企業開示課長

第17号「間接保有証券に関するユニドロア条約策定作業の状況」　2007年5月
報告者　神田秀樹　東京大学大学院法学政治学研究科教授

第18号「金融商品取引法の政令・内閣府令について」　2007年6月
報告者　三井秀範　金融庁総務企画局市場課長

第19号「特定投資家・一般投資家について―自主規制業務を中心に―」　2007年9月
報告者　青木浩子　千葉大学大学院専門法務研究科教授

第20号「金融商品取引所について」　2007年10月
報告者　前田雅弘　京都大学大学院法学研究科教授

第21号「不公正取引について－村上ファンド事件を中心に－」　2008年1月
報告者　太田 洋 西村あさひ法律事務所パートナー・弁護士

第22号「大量保有報告制度」　2008年3月
報告者　神作裕之　東京大学大学院法学政治学研究科教授

第23号「開示制度（Ⅰ）―企業再編成に係る開示制度および　2008年4月
集団投資スキーム持分等の開示制度―」
報告者　川口恭弘 同志社大学大学院法学研究科教授

第24号「開示制度（Ⅱ）―確認書、内部統制報告書、四半期報告書―」　2008年7月
報告者　戸田　暁　京都大学大学院法学研究科准教授

第25号「有価証券の範囲」　2008年7月
報告者　藤田友敬　東京大学大学院法学政治学研究科教授

第26号「民事責任規定・エンフォースメント」　2008年10月
報告者　近藤光男　神戸大学大学院法学研究科教授

第27号「金融機関による説明義務・適合性の原則と金融商品販売法」2009年1月
報告者　山田剛志　新潟大学大学院実務法学研究科准教授

第28号「集団投資スキーム（ファンド）規制」　2009年3月
報告者　中村聡 森・濱田松本法律事務所パートナー・弁護士

第 29 号「金融商品取引業の業規制」 2009 年 4 月
報告者　黒沼悦郎　早稲田大学大学院法務研究科教授

第 30 号「公開買付け制度」 2009 年 7 月
報告者　中東正文　名古屋大学大学院法学研究科教授

第 31 号「最近の金融商品取引法の改正について」 2011 年 3 月
報告者　藤本拓資　金融庁総務企画局市場課長

第 32 号「金融商品取引業における利益相反
—利益相反管理体制の整備業務を中心として—」 2011 年 6 月
報告者　神作裕之　東京大学大学院法学政治学研究科教授

第 33 号「顧客との個別の取引条件における特別の利益提供に関する問題」 2011 年 9 月
報告者　青木浩子　千葉大学大学院専門法務研究科教授
松本譲治　ＳＭＢＣ日興証券　法務部長

第 34 号「ライツ・オファリングの円滑な利用に向けた制度整備と課題」 2011 年 11 月
報告者　前田雅弘　京都大学大学院法学研究科教授

第 35 号「公開買付規制を巡る近時の諸問題」 2012 年 2 月
報告者　太田 洋 西村あさひ法律事務所弁護士・NY州弁護士

第 36 号「格付会社への規制」 2012 年 6 月
報告者　山田剛志　成城大学法学部教授

第 37 号「金商法第６章の不公正取引規制の体系」 2012 年 7 月
報告者　松尾直彦　東京大学大学院法学政治学研究科客員
教授・西村あさひ法律事務所弁護士

第 38 号「キャッシュ・アウト法制」 2012 年 10 月
報告者　中東正文　名古屋大学大学院法学研究科教授

第 39 号「デリバティブに関する規制」 2012 年 11 月
報告者　神田秀樹　東京大学大学院法学政治学研究科教授

第 40 号「米国 JOBS 法による証券規制の変革」 2013 年 1 月
報告者　中村聡 森・濱田松本法律事務所パートナー・弁護士

第 41 号「金融商品取引法の役員の責任と会社法の役員の責任
—虚偽記載をめぐる役員の責任を中心に—」 2013 年 3 月
報告者　近藤光男　神戸大学大学院法学研究科教授

第 42 号「ドッド＝フランク法における信用リスクの保持ルールについて」 2013 年 4 月
報告者　黒沼悦郎　早稲田大学大学院法務研究科教授

第 43 号「相場操縦の規制」 2013 年 8 月
報告者　藤田友敬　東京大学大学院法学政治学研究科教授

第 44 号「法人関係情報」　2013年10月
報告者　川口恭弘　同志社大学大学院法学研究科教授
平田公一　日本証券業協会常務執行役

第 45 号「最近の金融商品取引法の改正について」　2014 年 6 月
報告者　藤本拓資　金融庁総務企画局企画課長

第 46 号「リテール顧客向けデリバティブ関連商品販売における民事責任　2014 年 9 月
—「新規な説明義務」を中心として—」
報告者　青木浩子　千葉大学大学院専門法務研究科教授

第 47 号「投資者保護基金制度」　2014年10月
報告者　神田秀樹　東京大学大学院法学政治学研究科教授

第 48 号「市場に対する詐欺に関する米国判例の動向について」　2015 年 1 月
報告者　黒沼悦郎　早稲田大学大学院法務研究科教授

第 49 号「継続開示義務者の範囲—アメリカ法を中心に—」　2015 年 3 月
報告者　飯田秀総　神戸大学大学院法学研究科准教授

第 50 号「証券会社の破綻と投資者保護基金　2015 年 5 月
—金融商品取引法と預金保険法の交錯—」
報告者　山田剛志　成城大学大学院法学研究科教授

第 51 号「インサイダー取引規制と自己株式」　2015 年 7 月
報告者　前田雅弘　京都大学大学院法学研究科教授

第 52 号「金商法において利用されない制度と利用される制度の制限」2015 年 8 月
報告者　松尾直彦　東京大学大学院法学政治学研究科
客員教授・弁護士

第 53 号「証券訴訟を巡る近時の諸問題　2015年10月
—流通市場において不実開示を行った提出会社の責任を中心に—」
報告者　太田 洋 西村あさひ法律事務所パートナー・弁護士

第 54 号「適合性の原則」　2016 年 3 月
報告者　川口恭弘　同志社大学大学院法学研究科教授

第 55 号「金商法の観点から見たコーポレートガバナンス・コード」2016 年 5 月
報告者　神作裕之　東京大学大学院法学政治学研究科教授

第 56 号「ＥＵにおける投資型クラウドファンディング規制」2016 年 7 月
報告者　松尾健一　大阪大学大学院法学研究科准教授

第 57 号「上場会社による種類株式の利用」　2016 年 9 月
報告者　加藤貴仁　東京大学大学院法学政治学研究科准教授

第 58 号「公開買付前置型キャッシュアウトにおける　2016年11月
価格決定請求と公正な対価」
報告者　藤田友敬　東京大学大学院法学政治学研究科教授

第 59 号「平成26年会社法改正後のキャッシュ・アウト法制」2017 年 1 月
報告者　中東正文　名古屋大学大学院法学研究科教授

第 60 号「流通市場の投資家による発行会社に対する証券訴訟の実態」2017 年 3 月
報告者　後藤　元　東京大学大学院法学政治学研究科准教授

第 61 号「米国における投資助言業者（investment adviser）　2017 年 5 月
の負う信認義務」
報告者　萬澤陽子　専修大学法学部准教授･当研究所客員研究員

購入を希望される方は、一般書店または当研究所までお申し込み下さい。
当研究所の出版物案内は研究所のホームページ http://www.jsri.or.jp/ にてご覧いただけます。

金融商品取引法研究会研究記録　第62号
最近の金融商品取引法の改正について
平成30年2月21日
定価（本体500円＋税）
編　者　金融商品取引法研究会
発行者　公益財団法人　日本証券経済研究所
東京都中央区日本橋茅場町1-5-8
東京証券会館内　〒103-0025
電話　03（3669）0737代表
URL: http://www.jsri.or.jp

ISBN978-4-89032-678-5 C3032 ¥500E